古代日本神話の考古学

関裕二

河出書房新社

はじめに

不用意に「神話は歴史そのもので、多くの真実が隠されている」などと言い出せば、鼻で笑われる時代が長く続いてきた。

たしかに、神話はお伽話だ。宇宙の混沌の時代から話ははじまり、神話が終わった直後、神日本磐余彦尊《かむやまといわれびこのみこと》（神武天皇《じんむ》）がヤマトに乗り込み、国が誕生してしまう。

神武天皇は神の子で、即位後選んだキサキも出雲《いずも》神の娘だった。どうにも怪しげな内容だ。これを信じろという方が無理だろう。それだけならまだしも、神武天皇がヤマトに乗り込んだのは、今から二千数百年前のことだという。弥生時代の真っ只中だ。その当時の奈良盆地に、国の中心になるような遺跡は見つかっていない。だから、神話は信用されてこなかったのだ。

文献学者は、実在の初代王は第一〇代崇神《すじん》天皇で、実際のヤマト建国は三世紀から四世紀のことになると考える。また、ヤマト建国から五世紀末に至る『日本書紀《にほんしょき》』や『古事記《こじき》』の記事の量は乏しく、信憑性が欠けていて、史実とは認め難い。したがって八世紀の人びとは、古い歴史をほぼ忘れていたのではないかと考えられるようになってしまった。

日本建国から六世紀初頭に至る歴史記述までもが不明瞭なのだから、神話が正確な歴史を伝えているとは到底考えられず、「創作」「プロパガンダ」と、切り捨てられてしまったわけだ。

しかし、考古学の進展によって、弥生時代後期からヤマト建国前後の「激しく動き回る人びとの様子」が見えてきた。また、神話を裏付けるような物証が出現し、「ひょっとすると、神話の中に、何かしらの史実が隠されているかもしれない」と思えるようになってきた。

わかりやすいのは、出雲神話ではなかろうか。梅原猛《うめはらたけし》は『神々の流竄』（集英社文庫）の中で、出雲に現実にヤマト（高天原《たかまがはら》）に対抗しうる勢力が存在したわけではなく、天皇家の反対側の概念として出雲の地域が選ばれ、神々が流され、捨てられたのだと推理した。似たような考えは、史学界も抱いていたのだ。『日本書紀』や『古事記』の神話は、天皇家の正統性を証明し喧伝《けんでん》するための、プロパガンダにすぎないと信じられていたのだ。その証拠に、神話に見合うほどの出土品が、出雲にはなかった。だから、「出雲など絵空事」と、みな、うなずき合っていたのだ。

ところが、出雲から弥生時代後期の大量の青銅器が出土し、巨大な四隅突出型墳丘墓《よすみとつしゆつがたふんきゆうぼ》の全貌が明らかになってきた。それだけならまだしも、一度栄えた出雲が、ヤマト建国ののち、一気に没落していたこともわかってきた。「出雲はそこにあった」し、神話のストーリーをなぞるように、没落していたのだ。とすれば、むやみやたらに神話を軽視してよいわけがない。

神話から、弥生時代後期、ヤマト建国の真相を、ようやく解き明かせる時代が到来した。『日本書紀』編者は、歴史を知っていたのに、隠してしまったようなのだ。それを考古学が証明しつつある。ヤマト建国も邪馬台国《やまたいこく》の謎も、解き明かせる時代になったのだ。

神話を「民俗学」や「人類学」だけで調べる時代も、終わった。だからこそ真剣に、神話の歴史を紐解いてみたいのだ。そのために、考古学の発見が、大きな意味を持つようになってきた。神話がわかれば、ヤマト建国の真相が理解できる。そしてなぜ、八世紀の朝廷が、ヤマト建国の真実を記録しようとしなかったのか、日本の歴史の根幹が見えてくるはずなのだ。不思議な日本の不思議な歴史の真相を、みなで共有しよう。

装丁——折原カズヒロ
カバー写真——©tick.taku.tick.taku／PIXTA（ピクスタ）
本文写真——関裕二

古代日本神話の考古学

◉

目次

第二章　神話のウソ・ホント　55

古代日本神話の考古学

第一章　考古学はヤマト建国を可視化した

皇国史観に利用された神話

記紀神話の不幸は、戦前戦中の皇国史観《こうこくしかん》に利用されたことにある。天皇も神の子と喧伝され、記紀神話は事実として子供たちに教えられた。その反動から、戦後の歴史教育では、神話はバッサリ切り落とされてしまったのだ。一九六〇年代の終わりぐらいから、少しずつ教科書に紹介されるようになったが、神話そのものを教えることはなくなった。

神話とは、本来、民族が共有するものだが、大正一三年（一九二四）に刊行された『神代史の研究』（岩波書店）の中で津田左右吉《つだそうきち》は、神代史を否定的に捉えた。皇室が統治者として、皇室の由来を語ったものと言い、神代史に登場する英雄たちは、民族的、国民的英雄ではけっしてないと断言した。これが戦後の史学者に大きな影響を与えた。

古代史学界の大御所・直木孝次郎《なおきこうじろう》は、少年時代に皇国史観をたたき込まれ、戦時中「神国日本ということを純真に信じていた」と言い、自身も戦場に赴いたから、「私の戦争責任をいくらかでもつぐないたい」(『歴史文化セレクション　神話と歴史』吉川弘文館)と胸の内を吐露する。生々しい体験が、歴史研究に、大きな影響を与えたわけだ。

直木孝次郎は、神話そのものが、民間の神話や伝承などを含んでいるものの「日本の統治者としての天皇の地位の正当性を説明するため、多くの作為が加えられている」と述べる。その上で、作為を行ったのは、天皇を中心とした朝廷の貴族たちだから、神代の物語を、古代の人びとが信じていたわけもなく、天皇や貴族たちでさえ、信じていたかどうか、疑わしいと指摘している。

神武《じんむ》東征《とうせい》や建国神話も、のちの時代に構想、造作されたものと推理している。また、『日本書紀』や『古事記』が古代天皇制の観念的支柱だったことは、すでに江戸時代中期にはわかっていたと述べるのである。

その一方で、たとえば『古事記』には、「当時の貴族の思想や宗教」が盛り込まれているが、民衆の考え方も詰まっていて、それは歴史とは捉えられないにしても、文化史的、思想史的には重要な意味を持っていると指摘している。

この指摘は、戦後史学界の考えそのものと言っても過言ではない。唯物史観《ゆいぶつしかん》の隆盛とも重なって、近代の天皇制は酷評されるに至り(それは仕方のないこととしても)、天皇のイメージは、「天皇制」の延長線上で捉えられるようになった。古代の天皇に対する評価も、「民から搾取する権力者」のイメージで語られるようになってしまったのだ。

しかし、これは誤解だ。考古学がヤマト建国の様相をはっきり示し、古代の天皇に権力は渡されていなかったことがわかってきた。原則として大王や天皇は、弱い祭司王だった。近代のいわゆる「天皇制」も、天皇の権威を高め、政治利用したが、だからといって天皇に全権が渡されたわけではない。親政は、許されなかった。

近世以前の天皇のシステムを「天皇制」と括ってしまうのは間違いだ。明治維新以降敗戦に至るまでの「天皇制」は、長い天皇の歴史の中で特殊だった。戦後の象徴天皇こそ、伝統的な天皇像に近い。だから、近代天皇を「天皇のモデル」にして古代の天皇を推測してはいけない。

古代史はおもしろくなってきた

直木孝次郎ひとりを責めているのではない。戦後史学界が、神話をほぼ無視してしまったことは、紛れもない事実であり、それは「常識」になってしまっていたのだ。

しかし、そろそろ、考え方を改めなければならない。

三品彰英《みしなしょうえい》は、戦前の神話研究は、政治的な神国意識の支柱として重視されたため、敗戦後は占領軍の命令で神話は歴史から追放され、戦後派的知識人は、「時代的嫌悪感」をもって捨てられたことを、「ともに過剰な政治意識」であり、「知性の貧困と科学的な歴史研究の未熟さ」で、どちらも迷惑な時代だったと嘆く。また、現代人が科学的理論や因果関係によって物事を理解するように、古代人は歴史的事件の背後にある神霊の働きを神話の中で語っているのだと指摘した。神話は、「歴史の理解に関して彼らのイデオロギーをもっていた」と指摘し、神話をその素材となったもとの伝承の形に還元すれば、歴史として再構成できるのではないかと考えた。したがって、「出雲の国ゆずりの物語は神々の話として語られているが、これもやはりその背後に政治的事実とそれに連関する古代習俗を探求しうる」と言うのである（『三品彰英論文集　第一巻　日本神話論』平凡社）。

神話の記事の中に、かすかな歴史的事実が残されているのではないかというこの姿勢に、勇気づけられる思いがする。

ところで、「天皇陵を発掘しなければ、古代史は解き明かせない」と、よく聞く。頑なな宮内庁に対する不信感が漂う。

しかし、宮内庁の気持ちもわかる。

まったく信じられない話だが、とある講演でご一緒させていただいた考古学者は、「天皇制を打倒するために考古学をやっている」と吠えていて、面食らったことがある（物故されたが）。それは極端な発想としても、戦後の史学界が、偏った発想で彩られていたことは間違いない。

これは、個人的で大袈裟な感想ではない。たとえば考古学者の広瀬《ひろせ》和雄《かずお》は、唯物史観に基づいた共同観念が「戦後知識人の思考を呪縛してきた」と言い、「国家の発生を課題にした古代史や考古学の分野では、階級や収奪や政治権力などの指標が、いつどのように成立したかに研究の照準が合わせられていた。そこには、悪である国家は死滅させなければならないとの政治課題が、程度の差こそあれ横たわっていたが、それは大方の戦後知識人の思いでもあった」（『前方後円墳国家』角川選書）。その通りだと思う。

先ほどの話とは違うとある地方の講演に呼ばれた時の話だ。地元の高名な考古学者が学閥を形成していて、他の考えを持った者を排斥していたこと、小生のような作家風情を講演に呼ぶこと自体タブーだったが、その学者が亡くなって、ようやくいろいろな意見を持った論者を呼ぶことができるようになったという。やはりその学者も、唯物史観に凝り固まっていたのである。

考古学界もようやく、自由にものが言える時代になりつつある。若手の考古学者が、これまでにない発想で新たな分野を切り開きつつあることを、まず知っていただきたい。古代史は、ようやく、おもしろくなってきたのである。

神話研究は文化人類学が担い手

戦後の神話研究は、史学ではなく、文化人類学が担い手となった。信仰形態や民俗、世界の神話との比較などが、丹念に調べられた。しかし、考古学が進展したことによって、神話の中に何かしらの歴史が埋もれていたのではないかと、疑われはじめている。

たとえば、縄文時代の土偶《どぐう》は母神《ぼしん》の性質をもっていたが（女神像）、縄文時代中期になると土偶の数が急増し、複雑な形や文様が施された。大型化もされたが、それよりも何よりも重要なのは、土偶を壊して離ればなれの場所に持っていってしまったことだ。母親殺しであり、家の中に祀るようにして見つかってもいる。

母神を造って、わざと壊して、人に必要なものを生み出してくれるという儀礼が執り行われていた可能性が高い。しかも、この信仰が、神話に描かれていたのではないかと疑われている。

国土と多くの神を産み落としたイザナミ（伊弉冉尊《いざなみのみこと》）は、火の神を産み、焼け死ぬ。多産の女神が、最後破滅したのだ。そして、黄泉国《よみのくに》で腐って蛆《うじ》が湧いたところを、夫のイザナキ（伊弉諾《いざなきの》尊《みこと》）に見られてしまう。怖じ気づいたイザナキに怒ったイザナミは、激怒して、「これからは、一日に千人を絞り殺す」と言い、人間の運命がここで定まった。

よく似た女神は大山祇神《おおやまつみのかみ》の娘の木花之開耶姫《このはなのさくやひめ》（木花佐久夜姫）で、天孫降臨《てんそんこうりん》を果たした天津彦《あまつひこ》彦火瓊瓊杵尊《ひこほのににぎのみこと》（以下、ニニギ）と結ばれるも、一晩で孕んだことで貞操を疑われ（ひどい）、燃えさかる火の中で三人の男子（男神）を産んでいる。

これらの話は、昔話の山姥《やまんば》が主人公の「三枚の護符《ごふ》」にも似ていて、吉田敦彦《よしだあつひこ》は、古い時代から信仰を集めてきた女神たちの性質が山姥に受け継がれていると指摘した。また一方で、神話の女神たちも、さらに古い女神の性質を受け継いでいるという（『昔話の考古学』中公新書）。

それだけではない。イザナキとイザナミが産んだ神に大気都比売神《おおげつひめのかみ》がいて、『古事記』に次の神話が残されている。スサノヲ（素戔嗚尊）が天上界を追放された時、食物を大気都比売神に乞うた。すると大気津比売神は鼻、口、尻から色々な食べ物をとりだして料理して盛り付けてさし上げる時、スサノヲはその様子を見ていて、穢《けが》らわしいと思い、大気都比売神を殺してしまった。するとその死体に、作物がなった。頭には蚕が、ふたつの目には稲の種子、ふたつの耳には粟が、鼻には小豆、女陰には麦、尻には大豆がなった。神産巣日神《かむむすひのかみ》がスサノヲに、この稔ったものをとらせた……。

『日本書紀』神代第五段第一一に、次の話が載る。

イザナキが三柱の子供（天照大神《あまてらすおおみかみ》、月夜見尊《つくよみのみこと》、スサノヲ）にそれぞれ統治する場所を与えた。すると天照大神は月夜見尊に、

「葦原中国《あしはらのなかつくに》に保食神《うけもちのかみ》がいると聞く。汝、月夜見尊よ、行って、見てきなさい」

と言う。そこで保食神のもとに赴くと、保食神は首を廻して、国（陸）に向けると、口から御飯《みいし》が、海に向かうと、大小の魚が口から出てきた。山に向かうと獣や鳥が口から、それからいろいろな食べ物をそろえて、机に並べ、饗応《きょうおう》した。すると月夜見尊は怒り、

「穢らわしく卑しいことだ。なぜ口から出てきたものが御馳走になろうか」

そう言って、剣を抜いて保食神を殺してしまった。天照大神に報告すると、天照大神は怒り、「悪い神だ」と罵り、昼と夜を隔てて別々に住むようになった。また、月夜見尊はすでに死んでいた。ただ、その頭には牛馬が、額の上には粟が、眉の上には繭《まゆ》が、目の中に稗《ひえ》が、お腹には稲が、陰部には麦と大豆、小豆が生えていたので、天照大神に献上された。

これら作物の起源神話は、日本だけではなく、世界中に似た話があって、それはなぜかと言えば、神話の発生が古く、世界に拡散したからということがわかってきている。また、これら作物起源説話をドイツの民俗学者のイェンゼンは、「ハイヌウェレ型神話」と呼んでいる。

先述の吉田敦彦は、縄文の土偶のあり方から、すでに縄文時代中期には、「ハイヌウェレ型神話」の型に当てはまるような神話がわが国ですでに語られていたのだろうと推理している。その神話の母神・女神を、土偶によって表現し、

「土偶を分断し、破片を分けることによって、古栽培民が生贄を使って実施してきたのと同じ意味を持つ、女神の殺害を表わす儀礼を、祭りの中でくり返し行なっていたと推測できる」（前掲書）

と言うのである。そのとおりだろう。

神話と歴史はつながると出雲が教えてくれた

神話と歴史がつながるのではないかと、はっきり示してくれたのは、「出雲神話の考古学」だろう。

長い間、出雲神話は史実ではないと、決め付けられていた。神話の三分の一を出雲神話が占めることは無視されてきた。巨大な杵築大社《きづきのおおやしろ》（島根県出雲市の出雲大社《いずもたいしゃ》）の社殿も、歴史とはつなげてもらえなかった。天皇家の天照大神を祀る伊勢神宮《いせじんぐう》に対立する神社として発展してきたというのだ。また鳥越憲三郎《とりごえけんざぶろう》は、神話や神社が、見る者に錯覚となって脳裡を占めるようになっていると指摘している（『出雲神話の成立』創元新書）。

しかし、荒神谷《こうじんだに》遺跡（島根県出雲市斐川《ひかわ》町）や加茂岩倉《かもいわくら》遺跡（島根県雲南《うんなん》市加茂《かも》町）から大量の青銅器が発見され、また、巨大な四隅突出型墳丘墓《よすみとつしゅつがたふんきゅうぼ》が見つかって、出雲は弥生時代後期に発展していたことがわかってきたのだ。それ以前、青銅器が集中して出土する地域は、北部九州と近畿地方だった。昭和一四年（一九三九）に、和辻哲郎《わつじてつろう》は、北部九州の銅矛銅剣《どうほこどうけん》文化圏と近畿の銅鐸《どうたく》文化圏というふたつの文化圏を提唱した（『新稿　日本古代文化』岩波書店）。昭和四九年（一九七四）には、佐原真《さはらまこと》や近藤喬一《こんどうたかいち》が、中国・四国地方に、中細《ちゅうぼそ》・中広形銅剣型祭器《ちゅうひろがたどうけんがたさいき》の文化圏があったことを指摘した（『三世紀の考古学―倭人伝の実像をさぐる―　中巻』森浩一編　学生社、『古代出雲王権は存在したか』松本清張編　山陰中央新報社）。出雲もこの文化圏に入れられたが、当時は青銅器が極端に少ない地域でもあった。

昭和五八年（一九八三）一二月、島根県松江市の南郊の六世紀後半代の前方後方墳《ぜんぽうこうほうふん》・岡田山《おかだやま》一号墳の円頭大刀《えんとうたち》から、「額田部臣《ぬかたべおみ》」など一二文字の銘文が見つかり、考古学界に衝撃を与えた。その騒動の最中、同年七月、出雲市の農道予定地の遺跡で「分布調査（予備調査）」が行われた。「神名火山《かんなびやま》」として知られる仏経山《ぶっきょうざん》の北側に低丘陵が広がり、その中の小さな谷だ。ちょうど、中国山地を斐伊川《ひい》が蛇行して、沖積地の出雲平野に出るすぐの場所で、平野の南東部の丘陵地帯である。

ちなみに、計画していた農道は、青銅器の発見ののち、遺跡保存のため、南側に移して造られた。

ところで、この地に「神宝」が埋まっていることは、『出雲国風土記《いずものくにのふどき》』が記録していたのである。大原郡神原《おおはらのこおりかむはら》の郷《さと》の段には、

天《あめ》の下造《したつく》らしし大神《おおかみ》の御財《みたから》を積み置き給《たま》ひし処《ところ》なり

とあり、大己貴命《おおあなむちのみこと》の神宝を祀った場所だったと明記していたのだが、この記事を信じている者はいなかったのである。

七月一一日、荒神谷遺跡にトレンチ（試掘のための溝）が二〇か所設けられ、水田部から須恵《すえ》器《き》が掘り出された。翌日、水田から場所を移し、谷間の南向きの斜面に作業が広がると、今度は

青銅の破片が、さらに、銅剣が数本見つかった。青銅器は、これだけではなかった。最初の発見の場所から、九〇センチ奥に銅剣がびっしりと整然と並べられていたのである。

出雲に強い王が生まれていた

結局、二段のテラス状の下段部から、四列に並べられた三五八本の銅剣群（弥生時代中期と考えられている）が出現したのである（A列・三四本、B列・一一一本、C列・一二〇本、D列・九三本）。

この時点で全国で発掘された銅剣の総数が三〇〇本余りだったから、一か所の遺跡だけで、日本中の銅剣の数を上回ってしまい、考古学界は騒然となった。

これらの銅剣は、弥生時代中期末（一世紀前半）の中細形Cと呼ばれる型式で、中国地方の日本海側に特有の青銅器だった。それらが、人間の手で意図的に、斜面に整然と「埋納《まいのう》」されていたわけである。

さらに翌年、第二次発掘調査が行われ、銅剣の埋納された場所の右手（東方）の斜面から、銅矛一六本と銅鐸六個が、同じ場所に埋められていた。それまで、銅鐸は「銅剣」とともに出土する例はあったが、「銅矛」との組み合わせは、日本で初めてだった。

出雲の青銅器は、さらに別の場所からも見つかった。荒神谷遺跡の東南三キロの雲南市加茂町の農道建設現場で一九九六年（平成八）一〇月、偶然、銅鐸が発見された。ショベルカーが山の斜面を崩すと、土まみれの青い物体を拾い上げたのだった。ポリバケツと思って洗ってみると、

荒神谷遺跡（島根県出雲市斐川町）
左側の斜面から 358 本の銅剣、右側の斜面から銅矛 16 本と銅鐸 6 個が出土した

加茂岩倉遺跡（島根県雲南市加茂町）
銅鐸 39 個が発見された

銅鐸だった。加茂岩倉遺跡出現の瞬間である。

発掘された銅鐸の総数は三九個（約四五センチのものが二〇個、約三〇センチのものが一九個）で、考古学者は、腰を抜かした。ひとつの遺跡から出土した銅鐸は、滋賀県大岩山《おおいわやま》遺跡の二四個が最高だったからだ。銅鐸文化圏の中心だった奈良県から出土した銅鐸の「総数」は、二〇個だった。

ちなみに、各地の「国単位の銅鐸出土総数」は以下のとおり（旧国名）。摂津《せっつの》国三四個、河内《かわちの》国一四個、大和《やまとの》国二〇個、和泉《いずみの》国一一個、遠江《とおとうみの》国三〇個、三河《みかわの》国三〇個、近江《おうみの》国四一個。やはり、加茂岩倉遺跡の数は、突出していたのだ。

さらに、大きな銅鐸の中に小さな銅鐸を入れてセットにする「入れ子」の埋納が初めて確認された。

ところで、弥生時代中期末から後期初頭に、荒神谷遺跡に青銅器が埋納されたと考えられている（足立克己《あだちかつみ》『日本の遺跡44　荒神谷遺跡』同成社）。出雲はかなり早い段階で、威信財としての青銅器を土に埋め、巨大な四隅突出型墳丘墓を造営していくようになったのだ。これは、出雲に強い王が生まれたことを意味している。一方近畿地方や東海、近江では、このあと銅鐸を巨大化させて、祭器をみなで祀り、王（首長）に独占させないようになっていくのである。

春成秀爾《はるなりひでじ》は、「銅鐸を生産し流通させて獲得した富は、首長一族のための威信財の生産と所有・使用など私的な消費に向けるのは抑制されており、もっぱら全体の利益へとふり向けられていたのであろうか」（『古代を考える　稲・金属・戦争──弥生──』佐原真編　吉川弘文館）と述べる。

つまり、強い王と弱い王を、それぞれの地域が選択していった時代でもあるのだろう。

想像を絶する巨大木柱が出現した

出雲から出現した大量の青銅器は、かつての常識を覆してしまった。出雲は神話のお伽話ではなかったわけである。

それだけではない。出雲大社でも、大きな発見があった。出雲大社境内遺跡《いずもおおやしろけいだい》である。

現存する出雲大社（杵築大社）の本殿は、江戸時代の延享元年《えんきよう》（一七四四）の造営で、その高さは二四メートル（八丈）あり、神社建築では日本最大で、伊勢神宮を遥かに凌いでいるが、古くは、一六丈の高さを誇っていたという記録がある。

鎌倉時代初めの『夫木抄《ふぼくしよう》』という歌集の中に、出雲大社にまつわる寂蓮法師《じやくれんほうし》の次の歌がある。

やはらぐる　光や空に　満ちぬらむ　雲に分け入る　千木《ちぎ》の片《かた》そぎ

出雲大社の本殿の千木が、雲に隠れそうだ、という。詞書《ことばがき》があって、本殿背後の天雲たなびく八雲山の中腹まで、千木がかかって見える、といい、とてもこの世のこととは思えない、というのである。

八雲山《やくもやま》は出雲大社背後の神体山で、実際の標高は四二六メートルだが、俗にその高さは三二丈と言われてきた。つまり、「一六丈の出雲大社の本殿」が山の中腹までそびえ、千木が届きそうに見えたのではないか、とする説もある。

平安時代初期の学者・源 為憲《みなもとのためのり》の記した『口遊《くちずさみ》』には、「雲太《うんた》、和二《わに》、京三《きょうさん》」という言葉がある。『口遊』は雑学書の要素があって、この時代のいろいろな物の大きさ比べをして、ランク付けしている。橋や仏像、建物が選ばれていて、建造物のランキングの中に、出雲大社が登場する。「雲太」とは、出雲大社が一番、「和二」は、奈良の東大寺大仏殿が二番目で、「京三」は、平安京の大極殿が三番目、という意味である。

ちなみに、当時の東大寺大仏殿の高さが一五丈（約四五メートル）だったから、それ以上ということは一六丈あってもおかしくはないことになる。しかも、これを後押しする物証が出現した。平成一二年（二〇〇〇）四月に出雲大社境内の地下室工事に先立って行われた発掘調査で、巨大木柱が出土した。出雲大社境内遺跡の巨大な木柱・宇豆柱《うずばしら》である。柱の根っこが腐らずに残っていたのは、地下水脈のおかげだ。

炭素14年代法で測定してみると、鎌倉時代の初期、西暦一二三〇年頃に伐採された杉とわかり、その結果、宝治《ほうじ》二年（一二四八）に造営された本殿であったことがわかった。

宇豆柱は、巨大で個性的だった。三本の木柱が鉄の輪っか（帯状金具）で束ねられ、また周囲にベンガラの「朱色」が塗られていた。長径一・三五メートル、短径一・一メートル。この木柱三本を束ねて一本にし、合計九本の巨大木柱が神殿を支えていた。

この非常識（？）な建造物の設計図（平面図）は、出雲国造家《いずもこくそうけ》に残されていた。それが、『金輪御造営差図《かなわのごぞうえいさしず》』で、やはり三本の柱が束ねられていたのだ。しかし、他に例のない奇想天外な建

出雲大社境内の古代神殿宇豆柱（実物大）

造物ゆえに、誰からも相手にされてこなかった。笑殺されていたのだ。
出雲国造家には、出雲大社の神殿は巨大だったと言い伝えられていて、往古《おうこ》（大昔）は四倍の三二丈、中古《ちゆうこ》（中世）は十六丈もあったといい、その後八丈になった、という。三二丈は九六メートルで、誰も相手にしてこなかったのだが、化け物木柱が出現して、伝説は本当だったかもしれないと、考えられるようになったのだ。出雲大社の神殿は、何の理由もなく倒れたという伝承も残っていて、見上げるような高さだったことは、間違いない。
出雲神話が、そのまま歴史をなぞっているわけではないにしても、何かしらの悲劇的な事件が起きていて、だからこそ、出雲を歴代政権が丁重に祀っていた可能性を疑うべきなのだ。

神話は政治的だが無視できない

そもそも、神話とは何なのだろう。

世界の人類学者の考える「神話」は、おおよそ次のようなものだ。すなわち、原初的な神話は口承の物語で、儀礼や呪術的な効果を持っていた。話の中に超自然的霊格《れいかく》が登場し、その聖なる行為が今の世の秩序につながっていること、絶対的な規範になっているとされている。

神話の定義に従えば、原初の神話は生き生きとしていたが、松前健《まつまえたけし》は、政治的な潤色が加えられた神話は、死んでいると指摘している（『日本の神々』中公新書）。

津田左右吉も、「神話」の定義をしている。宗教的な神の物語であり、民族の日々の生活や信仰、儀礼などから自然発生的に生まれた説話だとする。しかし日本の神代史は、政治的作為に満ちていると指摘した。すなわち、六世紀中葉ごろ、ヤマト政権の少数の貴族が、天皇家の政治的権威を高めるため、その権威の由来を説くために編んだという（『津田左右吉全集　第一巻　日本古典の研究　上』岩波書店）。

神話は、想像以上に政治的で、古代政権のプロパガンダなのだ。それは、間違いない。しかし、だからといって、神話を無視してよいわけではない。

松前健は、戦前の極端な神話の偶像化、栄光化は、自由な学問の発展を妨げたが、戦後の極度の忌避、蔑視もまた、正しい古代史研究の道を阻んできたと指摘した。その一方で、神話ブームが巻き起こり、神話を通じて、隠された日本民族文化の源流と系統を探る動きが出てきたこと、歴史学派と民族学・民俗学・比較神話学派が、互いに歩み寄っている状況を歓迎している。その上で、説話の類型を国の内外に求め、文化の源流を明らかにし、素朴な原像から成長し、氏族や宮廷の神話体系に取り込まれていった過程を探る方法を模索している（前掲書）。

これまで、民族学、民俗学による神話研究は、神話の素材やパターンを探る作業に終始してきた。世界文化史的な位置づけを探ってきたのだ。言い換えれば、神話の原点、民族の原始の、深い、大昔の、遠い場所を言い当てるために、神話が研究されてきたのだ。霊格崇拝の起源や源泉地を探る研究でもある。しかし松前健は、そのあぶり出されつつある神話の元型から、ヤマト朝廷が、いかなる過程を経て、採りあげ、「高度化・複雑化」して、どのように政権の「パンテオンの中に組みこまれていき、現在の記紀に見る形になったのか」を、「歴史学的な方法によって、はじめて明らかになし得る」というのである（前掲書）。

このように、神話について、戦後の史学界は、多くの視点で語ってきたわけである。

神話を考える上での今日的課題

神話や信仰を考える上で、今日的課題が、いくつも出現してきたように思われる。

まず第一に、多神教と一神教の問題がある。

日本人が太古から現代に至るまで、多神教世界の住民だったという事実である。これに対し、いち早く近代化、工業化に成功した欧米諸国は一神教（具体的にはキリスト教）で、多神教世界を圧倒し、一神教を世界に向けて強要した（本人たちは、野蛮人を一神教の高みに引き上げる義務があったと主張しているが)。これが、帝国主義である。

明治維新に際し明治政府は、多神教徒であることを恥じ、キリスト教的な天皇像を模索し、さらに、西欧から多くを学ぼうとした。ところが、それにもかかわらず、日本人は一神教には馴染めず、多神教徒のまま現代に至った。しかもその自覚が、日本人にはない。

日本は極東の島国だったからこそ、ガラパゴス諸島のイグアナのように、日本列島人の文化と習俗は独自の進化を遂げ、多神教的発想を、維持できたのだ。ところが、黒船と巨砲が日本を震え上がらせた時から、もはや海は日本を守るための城壁の役割を担えなくなったのだ。ならば、日本人は多神教的発想をそのまま維持することはできるのだろうか、という危惧を抱かざるを得ない。

明治時代のインテリ(たとえば福沢諭吉《ふくざわゆきち》)が考えていたように、

「迷信に満ちた多神教的発想は、すぐに捨てるべきだ」

と、考えを入れ替えるべきなのだろうか。そうではあるまい。一神教的発想は、すでに行き詰まっていて、工業化に成功した唯一の多神教世界の住民である日本人の発想が、見直される時代が到来するであろうことは、すでに他の拙著の中で述べてきたとおりだ(『縄文文明と中国文明』PHP新書)。だからこそ、多くの神々が登場する『古事記』や『日本書紀』の神話の真相と正体を明らかにしておく必要があると思うのである。

そして第二に、『古事記』や『日本書紀』の神話は、果たして通説の言うように、天皇の正統性を証明するために書かれたのだろうか、という疑念が浮かぶのである。

たとえば、『古事記』や『日本書紀』編纂《へんさん》のきっかけを作ったのは天武天皇《てんむ》だが、『古事記』と『日本書紀』では、基本的な外交方針に決定的な差がある。『古事記』は親新羅《しらぎ》で、『日本書紀』は親百済《くだら》なのだ。そして、ふたつの文書の神話の内容も、少しずつずれている。ここに大きな謎がある。

六世紀から七世紀にかけて、朝鮮半島諸国は、死闘をくり広げていた。北の高句麗《こうくり》、南西部の百済、南東部の新羅が、生き残りを賭けて、外交戦を展開し、裏切り、手を結びあっていた。新羅は唐と、百済は高句麗と手を結び、ヤマト政権は揺れに揺れた挙げ句、一度滅びた百済復興に荷担した。白村江《はくすきのえ》の戦い（六六三年）で新羅と唐の連合軍に敗れたヤマト政権は滅亡の危機を迎えるが、唐は「まず高句麗を叩く」策に出たこと、高句麗滅亡後、新羅が唐に反旗を翻したおかげで、日本は滅亡の危機から免れた。しかし、日本は、独立に成功した新羅と反目していくのだ。

そして、白村江の戦いののち、百済の遺民が日本に大量に流れ込み、政権は親百済派になった。つまり、『日本書紀』の親百済姿勢は理解できるのだが、『古事記』が親新羅的なのは、不思議なことなのだ。しかも、ひとりの人物（天武天皇）がふたつの史書の編纂に大いにかかわったのなら、異なる外交方針という矛盾を生んでいたことになる。ここに、大きな謎が隠されている。

ヤマトの大王は権力者だから歴史書を編纂したのか

第三に、ヤマトの大王や天皇は権力者だったのだろうか、強い力を持っていたから歴史書を編纂し、自家の正義を主張したのかという問題がある。

中国の場合、歴史書は王朝交替とともに書かれることが多かった。前王朝の腐敗を新王朝がただしたことを証明するためだ。中国の場合、強い皇帝が国を支配したから、新たな皇帝の正当性を主張する必要があったのだ。しかし、日本の場合、この図式は当てはまらない。というのも、ヤマト建国から先、ヤマトの大王や天皇には、原則として権力は渡されなかったからだ。祭司王として担ぎ上げられている。

ヤマト建国（古墳時代の到来）は三世紀後半から四世紀にかけてのことだが、発足当初から、ヤマトの王には権力が渡されていなかった。

不思議なのは、王権の誕生時、なぜ、日本列島の約三分の二が取り込まれた新体制なのに、強い王が現れなかったのか、ということだ。弥生時代後期は大きく乱れていた時代で、中国の歴史書にも「倭国大乱《わこくたいらん》」と記され、高地性集落が造られ、緊張が高まっていた。ところが、ひとたびヤマトに国の中心が出現して前方後円墳《ぜんぽうこうえんふん》の元型が誕生すると（奈良県桜井《さくらい》市の纏向《まきむく》遺跡）、混乱もなく、日本各地の首長がこれに靡《なび》き、前方後円墳という新たな埋葬文化を受け入れていったのだ。ここに、大きな秘密が隠されている。

ただし考古学は、このあたりのいきさつを、ほぼ明確に解き明かしてしまっている。もちろん、その謎解きをこのあとしていくのだが、簡単に説明しておくと、ヤマト周辺の人びとが、強い王の出現を恐れていた、ということなのである。

たとえば、弥生時代後期（ヤマト建国の直前）の日本列島は、いくつかの青銅器文化圏に分かれていたが、すでに述べたように近畿地方と近江・東海地方と周辺地域は、銅鐸を重視していた。

「聞く銅鐸」から巨大な「見る銅鐸」に変化させたのが彼らで、それはなぜかと言えば、威信財としての銅鐸を、ひとりの王（首長）が独占するのを防ぎ、集落のみなで銅鐸を祀っていたからだろうと考えられている。

そもそも、大量に流れ込む鉄器や便利な文明の利器を、南部近畿地方（ヤマトを中心とする）の人びとは、受け入れようとしなかったというのだ。

銅鐸に残された二つの流れ

銅鐸は弥生時代を代表する祭器だが、もともと大陸の中国北方地域で生まれ、銅鈴として、音を鳴らす道具だった。それが朝鮮半島を経由して弥生時代中期前半に北部九州にもたらされ、各地に伝播していった。弥生時代中期後半の東奈良《ひがしなら》遺跡（大阪府茨木《いばらき》市、淀川の北岸）から、銅鐸の鋳型《いがた》も見つかっている。最古の日本製の銅鐸ではないかと考えられている。

問題は、銅鐸の文様に、縄文的要素が組みこまれていたという指摘だ。設楽博己《したらひろみ》は、東奈良銅鐸の文様の中に、楕円を横に連ねた文様があり、これが、亀ヶ岡《かめおか》式土器（東北地方）の流れをくみ北陸地方から東海地方に分布する浮線渦巻文《ふせんうずまきもん》土器とよく似ているというのだ（『縄文社会と弥生社会』敬文舎）。

寺前直人《てらまえなおと》は、朝鮮半島からもたらされた文様も銅鐸に施されているが、近畿や東海地方で見つかっている初期の銅鐸のほぼすべての文様が、縄文時代晩期の土器類、木器や小形石棒類にも見られることから、次のように指摘している。

「祖先と関連する伝承や世界観が、有機質製品を介して弥生時代中期まで継続しており、それを外来の銅鈴に付加することによって、その儀礼の継続をはかった」(『文明に抗した弥生の人びと』吉川弘文館)。

一方で当然のことながら、渡来系の文様も含まれていた。北方遊牧民が身につけ、太陽を反射させ、装身具、祭祀具にしていた多鈕鏡《たちゆうきよう》の「鋸歯文《きよしもん》」が、大きな意味を持っているという指摘もある。文様そのものが辟邪《へきじや》の役目を負っていて日本にもたらされるが(多鈕細紋鏡《たちゆうさいもんきよう》)、そこには蛇のウロコの文様「鋸歯文」があしらわれるようになった。これも、邪悪な者や厄災を払う辟邪の象徴で、これが、銅鐸にも利用されたのである。

小林青樹《こばやしせいじ》は『倭人の祭祀考古学』(新泉社)の中で、鋸歯文は、隼人《はやと》の楯《たて》や古墳に並べる特殊《とくしゆ》器台《きだい》(供献土器《きようけんどき》)にも用いられ、また、古墳時代の柵形《さくがた》埴輪の屋根飾りが三角形になっていること、これらが辟邪の役割を果たしていることを指摘している。もちろんだからこそ、銅鐸にもその装飾が加えられたのだろう。

つまり、弥生時代以降の祭器の中に渡来系と縄文系の文化が習合していたわけで、大陸、朝鮮半島、西日本、東日本の要素が、入り乱れて弥生時代後期の文化が生み出されていったことがわかる。

文明に抗ってヤマトは建国された？

弥生時代以降の日本が渡来系文化に圧倒されてしまったというこれまでの常識は、すでに改められようとしている。ヤマト建国は「強い王による征服劇」だったわけではなく、日本列島人の思想に立脚した「運動」によってヤマトは建国されたが、その最初期に集まってきたのは、銅鐸文化圏の人びとだった。

日本人が多神教的な発想を抱き続け、多神教的な政権を打ち立てた。その証拠が、銅鐸文化圏だった。

寺前直人は、

「前段階の社会秩序でもあった平等志向を維持することを目的に、この地域の人びとは青銅製武器を非実用品に変質させ、銅鈴に伝統的な文様を与えて、大型化をはかったと推定できる」（前掲書）

と言っている。つまり、威信財を共有して、強い王を排除する地域の人びとがヤマトの纒向に集まり、政権の根が生えたのだ。それが、纒向遺跡であり、南部近畿地方に日本の中心が生まれたことは、じつに象徴的な事件だったのである。

ヤマト周辺は、弥生時代も発展していたと思いがちだが、あにはからんや、古い体質を維持し続けていた。たとえば、石器の生産と流通がある。

石器の文化は旧石器時代、新石器時代（縄文時代）から継承されてきたが、金属器の時代に至っても、使われていた。金属器の代用品として細々と使われていたというのも間違いだ。膨大な量の石器が生産され、消費されていた実態が、明らかになってきている。

ヤマトの周辺で「互恵的な社会システム」が守られ、維持されて、均等な社会を目指し、王たちに富が集中しないシステムとして機能していたとする考えがいくつも提出されている（『古代を考える　稲・金属・戦争―弥生―』佐原真編　吉川弘文館）。

青銅器が潤沢に入手できた南部近畿地方でも、銅剣を作ることはなく、石製短剣が流行していた。多くは集落から出土するが、埋葬施設から副葬品として見つかったことが一〇例ほどある。南部近畿地方は貧しかったと思われがちだが、それほど単純な話でもない。北部九州でも、銅剣などが副葬されている墓は、ごくわずかだが、これは富と権力の集中を暗示している。

要は、南部近畿地方の人々は伝統的な「石」を武威の象徴とする一方で、多くの人々が手に入れることができることにして、富と権力を独占させない工夫をしたわけだ。

ヤマト建国後も、強い王を生まない努力は続いていたと思う。巨大な前方後円墳を見やれば、ヤマトの王の富と権力を想像してしまう。しかし、世界史レベルでみても、大きな墳墓は王都の近くに集中するが、日本の場合、前方後円墳は、日本各地に造られた。同時代の大王（天皇）の墳墓よりも大きな物を造ってはいけないという不文律はあったが、それでも、王家のそれとほぼ同等な大きさの前方後円墳を造る地域も存在したのだ。たとえば五世紀前半の吉備の造山《つくりやま》古墳（岡山市。墳丘長三六〇メートル）がある。

なぜ地方分権が可能だったのかと言えば、ヤマトの王が独裁王ではなく、日本列島人が強い王を拒み、権力を分散させていたとしか思えないのである。この、統治システムは、原則として江戸時代まで継続したと思われるのだ。

こうして、南部近畿地方の人びとは、文明に抗うことに成功したと指摘するのは、寺前直人だ。

少し長いが、引用する。玄界灘沿岸部で弥生文化が発展する中、近畿地方周辺では、「東日本で発達した祖霊祭祀を軸にした平準な社会を志向して、儀礼の継続がはかられた」と言い、これは弥生時代中期段階に継承され、銅鐸に在来の文様が加えられ、既存の価値体系の中に含まれるよう記号化され、

「これらの創出により、一時的とはいえ近畿地方南部を中心とした列島中央部の人びとは、大陸・半島からもたらされた魅力的な文明的価値体系に抗することに成功した」

と言うのである（前掲書）。この、進歩しないことを「成功」と解釈したところに、真骨頂があると思う。そしてその延長線上にヤマト建国が位置することになる。

人類は直線的に発展するという合理主義的発想が破綻しつつある今、「進歩や発展だけが人類に幸せをもたらすのか」という思考が頭をもたげ、それが歴史解釈にも影響を与えつつある。時代は変化してきているのである。ウカウカしていられない。

『日本書紀』編纂時の権力者

話がわき道にそれた。要は、ヤマトの王は権力者ではなかったことを、確認しておきたかったのだ。大王や天皇が強い権限をもっていなかったのなら、なぜ『日本書紀』は編纂されたのか。何を目的に神話は編まれたのだろう。

さて、七世紀の律令《りつりょう》整備に際し、親政（皇親体制。具体的には、天武天皇の独裁）が行われたのは、豪族や貴族たちから土地と民を吸い上げる作業を伴なっていたからだ。富を吸い取り、民

に農地を貸し出し、豪族や貴族たちには、役職とサラリーを下賜《かし》する作業だ。ただし、律（刑法）と令（行政法）が整った後は、権力は太政官《だいじょうかん》に移された。貴族層による合議機関だ。天皇は太政官から奏上される案件を追認するにすぎなかった。ちなみに、大宝《たいほう》元年（七〇一）に大宝律令が整備され、『日本書紀』が編纂されたのは、それから十九年後のことだった。

問題は、『日本書紀』編纂時の権力者が藤原不比等《ふじわらのふひと》だったことで、この時藤原不比等は、都を平城京《へいじょうきょう》に移し、天皇陛下の宮居《みやい》から真東の高台を我が物にし、興福寺《こうふくじ》を建立していた。この一帯が平城京の一等地で、だからこそ、現代でも県庁が置かれ、興福寺のまわりに商業地区と市街地が形成されている。

恐ろしいことに、天皇が宮から朝日を拝む時、自然と藤原氏の寺に頭を下げる形になる。無礼きわまりない都が、平城京だった。その主こそ、藤原不比等だったのである。

平城京を睥睨《へいげい》できる興福寺は、いざという時要塞（砦）にも化けた。だから、藤原氏に対抗しようと考えた聖武《しょうむ》天皇は、興福寺のさらに奥に、巨大な東大寺を建立した。つまり、もともと平城京は、藤原氏のために造られた都なのだ。

それはともかく、藤原不比等は中臣鎌足《なかとみのかまたり》の子で、乙巳《いっし》の変（六四五年）の蘇我入鹿《そがのいるか》暗殺の推進役だ。近年の研究で、「蘇我氏はむしろ改革派だったのではないか」と疑われはじめているが、その一方で、「それなら中臣（藤原）氏は反動勢力だったのか」という疑念が持ち上がらない。これは不可解だ。要は、『日本書紀』が植え付けた「蘇我＝大悪」「藤原＝正義の味方」という常識が、頭から離れないのだろう。

そうなのだ。『日本書紀』編纂の中心に立っていたのは藤原不比等で、『日本書紀』は「天皇のために書かれたように見せかけて、実際には藤原氏の正義を証明するための文書」だったのだ。ここがわかっていなかったから、歴史や神話の意味が理解できなかったのである。

『日本書紀』が藤原氏の歴史書だった証拠は、いくつもある。たとえば、『日本書紀』に次の記事がある。中臣鎌足が蘇我入鹿の専横を憎み、皇室の危機とみなし、ともに闘うべき相棒を探していた。はじめ、軽皇子《かるのみこ》（のちの孝徳天皇《こうとく》）に接近したが、本命は中大兄皇子《なかのおおえのみこ》（のちの天智天皇《てんじ》）だった。中臣鎌足は法興寺《ほうこう》（飛鳥寺《あすか》）の西の槻《つき》の木の下で打毬《うちまり》をする中大兄皇子と偶然話をすることができた。意気投合し、ふたりは蘇我入鹿暗殺の計画を練っていった……。

この話を史学界は見すごしてきたが、奇妙だ。もし『日本書紀』が天皇家の権威を高めるために記されたのなら、話はこうならない。中大兄皇子が蘇我入鹿暗殺のために「できる男」を物色していたら、たまたま中臣鎌足が目に止まった……という、あらすじにしなければならない。中臣鎌足はこの時期、無位無冠で役職も明記されていない。どこの馬の骨ともわからぬ男が、皇族を天秤にかけて中大兄皇子を選んだという設定は、それこそ不敬であり、あり得ないではないか。

蘇我入鹿暗殺現場で、中大兄皇子は自ら入鹿に斬りつけたが、その時中臣鎌足は何をしていたかというと、後ろの方で弓を持って見守っていたと『日本書紀』はいう。この設定も、これまで注目されなかったことが、理解できない。皇位継承の有力候補である中大兄皇子が体を張っているのに、中臣鎌足は高みの見物をしゃれ込んでいたという。これは不自然だし、中臣鎌足が中大兄皇子を利用している様子が見てとれる。藤原氏、何様のつもりなのか。

『日本書紀』編纂によって抹殺された蘇我氏の歴史

少なくとも『日本書紀』は、天皇家のために書かれたのではない。『日本書紀』編纂は、天皇のために書かれたように見せかけておいて、本当は、藤原氏が、改革派の蘇我本宗家を滅亡に追い込んだことの正当性を証明するために書かれたのだ。全精力を、ここに注ぎ込んでいる。そして見事に、つい近年まで、『日本書紀』の目的は見破られることなく、「蘇我氏は古代史最大の悪人」「藤原氏は古代史の英雄」と信じ込まされていたのだ（一般にはいまだに）。

くどいようだが、『日本書紀』は天皇家のために書かれたのではない。本当は改革を潰した藤原氏の正義を「捏造」するための文書だ。そして、藤原氏は『日本書紀』編纂の中心に立っていて、蘇我氏の改革の手柄を横取りした。そのカラクリはじつに巧妙にしつらえてあって、他の拙著の中で説明してきた。蘇我系の皇族（聖徳太子《しょうとくたいし》）を創作し、彼が史上稀にみる聖者だったと称え、その上で、聖徳太子の子や孫たち（山背大兄王《やましろのおおえのみこ》ら上宮王家《じょうぐうおうけ》）の悲劇を捏造した。蘇我入鹿に追い詰められ、自滅したという物語を挿入したのだ（『豊璋　藤原鎌足の正体』河出書房新社）。

注意すべきは、『日本書紀』が蘇我氏の系譜を明示していないことだ。物部《もののべ》氏なら、先祖は饒《にぎ》速日命《はやひのみこと》（以下ニギハヤヒ）と明記している。ニギハヤヒは神武《じんむ》東征《とうせい》以前にすでにヤマトに乗り込んでいたと記録する。

物部氏だけではない。大伴《おおとも》氏ら有力豪族の系譜は、ほぼ網羅されている。神話時代や欠史《けっし》八代《はちだい》から多くの豪族が誕生したと『日本書紀』は記録する。ところが肝心の蘇我氏の祖が誰だったのか、『日本書紀』は口をつぐむ。そのため「蘇我氏渡来人説」も登場し、一般にはこれが常識化しているが、蘇我氏が渡来系なら、『日本書紀』は迷うことなく、この事実を大いに利用して喧伝しただろう。日本を食い物にしたエイリアンにできる。それをしなかったのは、蘇我氏が「記録することができないほど正統な氏族」だったからだろう。

『日本書紀』編纂最大の目的が藤原氏の正当性を証明することであり、そのためにもっとも邪魔になったのが、蘇我氏だったことは、間違いない。そして、蘇我氏が正しく筋目正しい氏族であればなおさらのこと、『日本書紀』は躍起になって彼らの素姓をごまかし、歴史をねじ曲げたに違いないのである。

そうなのだ。『日本書紀』は蘇我氏の輝かしい歴史を抹殺し、彼らの根っこ、すなわち、ヤマト建国まで遡《さかのぼ》り、正体を消し去ったのである。そして、六世紀以前の『日本書紀』の記述があいまいなのは、正確な言い伝えが残っていなかったからではなく、はっきりと見えていたからこそ、わからない振りをしたのではないかと思えてくる。さらに、お伽話と思われてきた神話の中に、蘇我氏の祖の活躍や、ヤマト建国の真相が、隠されていたのではないかと思い至るのである。

第八代孝元天皇の子らは日本海とつながる

『古事記』は蘇我氏の系譜を建内宿禰《たけうちのすくね》につなげている。第八代孝元《こうげん》天皇の子が比古布都《ひこふつ》押之信《おしのまことの》命《みこと》で、その子が建内宿禰だ。さらに、建内宿禰の子の蘇賀石河宿禰《そがのいしかわのすくね》が、蘇我氏の祖だったと記録する。一方『日本書紀』には、孝元天皇の末裔の武内宿禰《たけうちのすくね》が登場する。ところが、蘇我氏とのつながりがまったく記録されていない。その上で、蘇我氏の祖の名を伏せている。これは、意図的だろう。

ところで、通説は実在の初代王を第一〇代崇神天皇とみなし、初代神武《じんむ》天皇と同一人物と考えられている。また、第二代から第九代までの八人の天皇の実績は『日本書紀』に記録されていないため、欠史八代と呼ばれ、実在しないと考えられている。孝元天皇はそのひとりだから、『古事記』の系譜は信用できないとする説もある。しかし、欠史八代の天皇から、数多くの豪族が生まれている事実を見逃してはならない。

ヤマト建国は多くの地域から人びとが集まってきて成立した歴史があり、その「集まってきた首長（豪族）」の経歴を、欠史八代の系譜に潜り込ませたのが、本当のところだろう。だから、蘇我氏が第八代孝元天皇の血を引いているという話を、軽々しく無視することはできない。ヤマト以外のどこかからやってきた有力者だった可能性を疑っておいた方がいい。

『古事記』に登場する孝元天皇の子は五人で、以下のとおり。「大毘古命《おおびこのみこと》」「少名日子建猪心命《すくなひこたけいごころのみこと》」「若倭根子日子大毘々命《わかやまとねこひこおおびびのみこと》」「比古布都押之信命《ひこふつおしのまことのみこと》」、「建波邇夜須毘古命《たけはにやすびこのみこと》」だ。

大毘古命は、崇神天皇の時代に高志《こし》（越《こし》）に遣わされ、その子の建沼河別命《たけぬなかわわけのみこと》は、阿倍《あべ》氏の祖だ。

少名日子建猪心命は、ここにだけ登場する正体不明の人物だ。若倭根子日子大毘々命は、のちに即位し第九代開化《かいか》天皇となる。比古布都押之信命の子は味師内宿禰《うましうちのすくね》と建内宿禰で、味師内宿禰は山背《やましろ》（京都府南部）の内臣《うちつおみ》の祖で、建内宿禰は蘇我氏、葛城《かつらぎ》氏、紀《きの》氏らの祖である。

大王になった人、豪族に枝分かれしていく人が登場するが、阿倍氏も蘇我氏も、六世紀の継体《けいたい》天皇即位とほぼ同時に勃興しているのはなぜだろう。また、孝元天皇の子たちが日本海とかかわりが深いことも注意を要する。継体天皇が日本海側からやってきたこととかかわっていると思う。
また、謎の少名日子建猪心命が、出雲神話に登場する神・少彦名命とそっくりなのは気になる。出雲も日本海なのだから、やはり孝元天皇の子たちの系譜は、「日本海の有力者や首長たち」を歴史に組み入れるために生まれたのではなかったか。その中でも、建内宿禰が「日本海の系譜」に組みこまれたことが重要だと思う。建内宿禰の末裔の蘇我氏は、「スサノヲ（須佐之男《すさのお》、素戔《すさの》嗚尊《おのみこと》）の末裔《まつえい》」だと筆者は疑っているからだ。

『日本書紀』がもっとも隠したかったのはスサノヲと蘇我氏の関係？

ここで、藤原氏がもっとも隠したかったであろう蘇我氏とスサノヲの関係を、暴露しておこう。スサノヲと蘇我氏をつなぐ証拠は、いくつもある。たとえば、スサノヲと蘇我氏は、どちらも鬼の姿で『日本書紀』に登場している。まず、斉明《さいめい》元年（六五五）夏五月一日条に注目しよう。

大空に竜に乗った者がいた。唐人に似ていて、青い油の笠を着て、葛城山から駆け抜けて生駒山に隠れた。午《ひる》の時になると、住吉の松嶺の上から、西に向かって去った……。

何の脈絡もなく変人が登場している。「竜に乗っていた」のだから現実の話ではない。
笠を着た男は、斉明七年（六六一）五月条にも現れる。百済遠征のために九州に赴いた斉明天皇らは、朝倉橘広庭宮《あさくらのたちばなのひろにわのみや》（福岡県朝倉市《あさくら》）を造営するために近くの神社の木を切り払った。すると雷神が怒り、宮の中に鬼火《おにび》（人魂《ひとだま》か）が現れた。舎人《とねり》たちが病に伏し死んでいき、斉明天皇も二ヶ月後に崩御《ほうぎょ》。その葬儀に鬼が現れた。朝倉山の上で鬼が大笠を着て葬儀の様子を見守っていて、みな怪しんだというのである。この鬼、何者なのだろう。『日本書紀』は、正体を明かしていない。

『扶桑略記《ふそうりやつき》』にそっくりな記事が載っている。そして、斉明元年の笠を着た人を「蘇我豊浦大臣《そがとゆらのおおおみ》の霊」と言い、斉明七年に斉明天皇や舎人らが亡くなったことについて、「豊浦大臣の霊魂の仕業」と記録している。蘇我豊浦大臣は、蘇我入鹿のことだ。

笠をかぶって身を隠す者を、古くは「鬼」とみなしていた。斉明天皇は蘇我入鹿暗殺現場に居合わせていた。蘇我入鹿は恨んでいたのだろうか。鬼となって斉明天皇の身辺に現れ、人びとがバタバタと死んでいったのは、祟りだと、みな思ったのだろう。

かたやスサノヲも、笠を着て『日本書紀』に登場する。神代《かみよのかみのまき》 上 第七段一書《いっしょ》第三に、スサノヲをめぐる不思議な記事だ。

諸々の神が所行《しょぎょう》の悪いスサノヲを責め、天上界から追放しようとした。この時、長雨が降っていたのでスサノヲは青草を束ね簑笠として、宿を神々に乞うた。すると「お前は穢《けが》らわしく、追放されたのだ。なぜ宿をわれわれに乞うのか」と言って、みな拒絶した。休むこともかなわず、スサノヲは天上界を去った……。

上田正昭《うえだまさあき》は、この一節に「物忌み神事の習俗が反映されている」といい、さらに、「敗北してゆくものの道が暗示されている」と指摘する（『日本神話の世界』創元新書）。

それにしてもなぜ、大切な民族の神が惨《みじ》めで、蔑まれ、追い出されるような説話が出現したのだろう。要は、「スサノヲも鬼だった」と『日本書紀』は言っているのだ。蘇我入鹿と同じように、スサノヲも笠を着て鬼として蔑まれていたわけである。

ここに、「鬼あつかいされたスサノヲと蘇我氏」という意外な共通点が見出せるのである。

スサノヲこそ天皇家の祖神だった？

スサノヲと蘇我氏は、「たまたま、鬼あつかいされた」というだけではなく、強くつながっていたようなのだ。わかりやすいのは、「スガ」と「ソガ」だろう。

『日本書紀』の中で悪神（鬼）として天上界（高天原《たかまがはら》）を追放されたスサノヲは、出雲に舞い降り、最初に宮を建てたのが、「須賀《すが》」だった。すがすが（清清）しいから、須賀だという。この「スガ」が音韻変化して「ソガ」になったようだ。出雲大社本殿真裏にスサノヲを祀る「素鵞社」があって、これは「スガ」ではなく「ソガのやしろ」と読む。スサノヲの子に「清之湯山主三名狭漏彦八嶋篠《すがのゆやまぬしみなさるひこやしましの》」がいる。須我神社の奥宮には、磐座《いわくら》が祀られていて、スサノヲとキサキと、子の清之湯山主三名狭漏彦八嶋篠が祀られる。但馬国《たじまの》一の宮・粟鹿《あわが》神社では「蘇我能由夜麻奴斯禰那佐牟留比古夜斯麻斯奴《そがのゆやまぬしみなさむるひこやしましぬ》」と、「清＝スガ」をあえて「蘇我《そが》」と呼んでいる。スサノヲの子が蘇我氏の祖だったという伝承が、日本海側には残されていたのではなかったか。

奈良県の蘇我氏の地盤には「宗我坐宗我都比古神社《そがにますそがつひこ》」が祀られるが、住所は橿原市《かしはら》曾我《そが》町で、最寄り駅は近鉄線の「真菅《ますが》」で「スガ」である。蘇我氏全盛期に都は飛鳥《あすか》(高市郡《たかいち》明日香《あすか》村)に置かれたが、「アスカ」は「ア+スカ(スガ)」と、門脇禎二《かどわきていじ》は指摘している(『飛鳥』吉川弘文館)。

神話の架空の神と思われてきたスサノヲが、なぜ「スガ」「ソガ」を通じて、蘇我氏とつながってしまうのだろう。スサノヲこそ、蘇我氏の祖神で、『日本書紀』は両者の関係を明示できなかったのだろう。

ところで、愛知県津島《つしま》市の津島神社の主祭神はスサノヲだが、次の伝承が残されている。韓国《からくに》からスサノヲの和魂《にぎみたま》が帰朝して対馬《つしま》に至り、第二九代欽明《きんめい》天皇の時代(六世紀)、ここにやってきた。そこで「津島」の地名が興った。スサノヲは「わが国の本主」で、そのため津島神社は「日本総社《にほんそうじゃ》」と称するようになったという。

荒唐無稽な神社伝承と思うなかれ。スサノヲこそ、本来の日本建国の主だったという推理が出されている。

天照大神とスサノヲが、「誓約《うけい》」をする場面がある。天照大神は天上界をスサノヲが奪うのではないかと疑い、スサノヲは、「それなら誓約をやって、我が身の潔白を証明したい」と言いだしたのだ。この話にはいくつもの別伝が用意されていて混乱を招いているのだが、天照大神が「日神《ひのかみ》」と呼ばれている場面が、この説話のもっとも古い形と考えられ、その場面で日神が身につけていた十握剣《とつかのつるぎ》から三女神が生まれている。これが宗像《むなかた》神で、スサノヲが身につけていた五百《いほ》箇《つ》御統之瓊《みすまるのたま》から生まれたのが五男神《いつはしらのひこかみ》で、その中に天皇家の祖神が混じっていた。

泉谷康夫《いずみややすお》は、「天照大神」が誕生する前に、日神（太陽神）はヒルコとヒルメの男女ペアで、スサノヲは「ヒルコ」として天皇の祖神を生んだと推理したのである（『記紀神話伝承の研究』吉川弘文館）。

『日本書紀』神話の本文には、日神（大日孁貴《おおひるめのむち》）→月神《つきのかみ》→蛭児《ひるこ》（ヒルコ）→スサノヲの順番に神々が生まれていて、スサノヲの前に「ヒルコ」が生まれていたが、生後三年たっても歩けず、捨てられてしまったとある。スサノヲも、いつまでたっても泣き止まなかったという。要は、スサノヲの幼児性が強調されていて、スサノヲも、天上界から追放されるのだから、ヒルコとスサノヲはよく似ていて、重なって見えるのだ。そして、普通ではない霊格が備わっていたところに、皇祖神としてふさわしいというのである。

スサノヲの正体についてはのちのち触れていくが、ここで大切なことは、藤原氏が蘇我氏の手柄を横取りし、自家の正義を主張するために『日本書紀』を編纂したこと、そのために、歴史を遡って、蘇我氏の系譜を抹殺するだけではなく、実在したであろう偉大な祖神をも、鬼に見立て、蔑んでいたことなのである。

天照大神は男神だった？

『日本書紀』神話は、古代人のお伽話ではない。政治的な記録であり、歴史改竄《かいざん》のアイテムの側面を疑うべきなのだ。

もちろん、これまでのように、民俗学や比較人類学などで分析する必要があるが、その一方で、神話の政治性に、もっと注目する必要がある。

たとえば、天照大神も、謎が多い。

『日本書紀』の中で天照大神ははじめ、「大日孁貴」の名で登場する。これは、「大日巫女《おおひみこ》」であり、太陽神を祀る巫女の意味だ。史学者の多くは、太陽神を祀る巫女が昇華して太陽神そのもの（天照大神）になったと考えるが、女性の太陽神は、珍しいし、たとえば祇園祭の山鉾《やまぼこ》（山車《だし》）のひとつに、天《あま》の岩戸《いわと》神話をモチーフにした「岩戸山《いわとやま》」があり、ここではアマテラス（天照大神）を男神にしている。これは、大きな謎とされている。高野山《こうやさん》・金剛峯寺《こんごうぶじ》の一幅の曼荼羅《まんだら》に描かれた天照大神も、ヒゲを生やしている。

伊勢外宮《げくう》（三重県伊勢市）と大神神社《おおみわ》（奈良県桜井市）では、伊勢の神（天照大神）と三輪の神（大物主神《おおものぬしのかみ》）は一体分身だったと語り継がれている。『日本書紀』を信じれば、天照大神は女神で、大物主神は男神なのだから、不可解な伝承と言える。

鎌倉時代には、伊勢の斎王のもとに、夜な夜な伊勢の神が通ってきて、翌朝ウロコだけが残っていると伝わる。伊勢の神は蛇で、斎王《さいおう》（巫女）と性的関係を結ぶと考えられていたようだ。天照大神を女神と言いだしたのは『日本書紀』で、ここには藤原不比等の思惑が隠されていたと思う。

ここで話は七世紀後半に飛ぶ。天照大神が女神にすり替えられた複雑な事情を説明しておく必要がある。

天智《てんじ》天皇（中大兄皇子《なかのおおえのみこ》）と天武《てんむ》天皇（大海人皇子《おおあまのみこ》）は兄弟だが仲が悪かった。理由は、天智は反蘇我派で天武は親蘇我派だったからだ。つまり、後押しする勢力が、敵同士だったのだ。

天智天皇は白村江《はくすきのえ》の戦い（六六三年）という大失態を犯したため、即位するには、政敵の蘇我氏の力を借りるほか手はなかった。つまり、天智王朝は妥協の政権であり、天智天皇と取り巻きが強大な権力を握っていたとは思えない。蘇我系豪族の顔色をうかがいながら、政局運営をしていたはずだ。そして天智は、親蘇我派の大海人皇子を皇太子に指名せざるをえなかった。これが親蘇我派に示した天智即位の条件だっただろう。ただし天智は、本心では子の大友《おおともの》皇子の即位を願っていたのである。

天智天皇は最晩年、病床に大海人皇子を呼び出し、禅譲《ぜんじょう》の意思を伝えた。この直前、大海人皇子はかねてより親しかった（と『日本書紀』は記録している）蘇我系の人物から、「言葉に気をつけますように」と、警告されていた。天智に何か企みがあるらしいことを察知した大海人皇子は、天智の申し出を拒み、即座に頭を丸め、武器を捨て、吉野に隠棲《いんせい》した。近江朝の人びと（親天智派）は、「虎に翼を着けて放ったようなものだ」と、臍《ほぞ》をかんだという。

天智天皇崩御ののち、天智の子の大友皇子と大海人皇子はにらみ合いを続けたが、大友皇子が追討のための兵を集めていることを知った大海人皇子は、東国に逃れ、挙兵。壬申《じんしん》の乱（六七二年）が勃発した。大友皇子に従う者は少なく、また、蘇我系の重臣が大友皇子を裏切ったため、大海人皇子は一気に近江朝を倒してしまった。

大海人皇子は蘇我氏の地盤である飛鳥に都を戻し即位した。これが天武天皇で、律令制度を一気に整えようと、皇族だけで政治を仕切る皇親政治を展開した。しかし、志半ばで亡くなってしまう。皇太子の草壁《くさかべ》も病没し、皇后の鸕野讚良皇女《うののささらのひめみこ》が皇位を継承した。持統《じとう》天皇の誕生だ。

不可解なのは、持統天皇の行動で、即位後吉野行幸《ぎょうこう》をくり返している。度を超した回数で、まともに政治をやっていたとは思えない。皇親体制下、いったい持統天皇は何を考えていたのだろう。

答えは簡単なことで、実務は天武の長子・高市皇子に委ねていたのだろう。高市皇子は太政大臣として辣腕を振るい、律令整備と新益京《あらましのみやこ》（俗に言う藤原京）の造営に邁進していた。

持統天皇は政治に無関心だったわけではない。しかし、持統の父親は天智天皇だったから、親蘇我派の政権下、しかも、皇親体制で、本当なら即位できなかったはずだ。そこで持統は、高市皇子と約束をしたのだと思う。すなわち、持統が皇位を継承するが、実務はすべて、高市に任せ、律令整備を委ねた。律令事業が軌道に乗れば、高市皇子が皇位に就く……。その代わり、持統天皇は、神を祀ることに専念するという約束だ。

高市皇子は畳の上で死んでない？

天武天皇は伊勢斎宮に娘をさし向けて太陽神を祀っていたが、持統天皇は斎王派遣を見送っている。これはどういうことかというと、持統自身が巫女になって、太陽神を祀り、そのために吉野に通っていたのだろう。

しかし、これは持統天皇の計略だったと思われる。高市皇子は新益京をほぼ造り終えようとした時、頓死してしまう。
『日本書紀』は、高市皇子の正確な死亡記事を載せていない。「後皇子尊《のちのみこのみこと》薨《みう》せましぬ」とあり、「後皇子尊」が高市皇子とは言っていないのだ。さらに、高市皇子が亡くなると、慌ただしく皇位継承候補を決める会議が開かれ、持統の孫の軽皇子《かるのみこ》（文武《もんむ》天皇）が選ばれる。しかしこの会議が開かれた事実も、『日本書紀』は無視する。会議は記録しなかったが、皇太子のための役人が撰定されたという記事だけが残る。漢詩集『懐風藻《かいふうそう》』に詳細な記事があって、会議の中で、なかば脅迫とも取れるやりとりを経て、軽皇子立太子が確定したことがわかっている。高市皇子が亡くなったから皇太子を急いで決め、『日本書紀』がこの話を抹殺したところに、怪しさがつきまとう。

高市皇子の死は、不自然だ。『日本書紀』がこれを隠したことからして、高市皇子は「畳の上で死んでいない」のだろう。

ちなみに、高松塚《たかまつづか》古墳（明日香村）の被葬者の最有力候補者は高市皇子だが、首から上が残っていないのは、じつに暗示的ではないか。

なぜこのような話をしてきたかというと、本来男神だった太陽神（天照大神）が女神にすり替えられたのは、持統天皇を天照大神になぞらえるためだったことに気づいていただきたかったからだ。

天照大神が本来男神だったという推理は、すでに多くの史学者が唱えている。たとえば松前健は、天孫降臨神話で天津彦彦火瓊瓊杵尊《あまつひこひこほのににぎのみこと》が地上界に降りる直前、天八達之衢《あまのやちまた》でサルタヒコに出会い、アメノウズメがサルタヒコの前で服をはだけて踊っていたこと（太陽呪術）、これが天上界の天の岩戸神話の天照大神とアメノウズメの関係とそっくりだったこと、サルタヒコ（男性の太陽神）とアメノウズメは伊勢の漁民の原始的な太陽信仰の神々で、これをヤマト政権側が着目し、採り入れていったのだろうと考えた。

また、いつごろ伊勢の太陽神を皇室の神として採り入れたかというと、天武・持統朝だという。このころ、皇祖神の天照大神の神威と「高光《たかひか》る日《ひ》の御子《みこ》」が称えられていることに注目している。天皇自身が、天照大神の化身と考えられていたことは、『万葉集《まんようしゅう》』の日並皇子尊《ひなみしのみこのみこと》の殯宮《もがりのみや》の歌から知ることができるとした。

伊勢神宮が今のような形に整ったのは、天武・持統朝であり、男神と女神の入れ替えは、この時起きたと考えた方が、筋が通る。

ただし、ヤマト政権は、これよりもはやく、五世紀後半から六世紀にかけて、伊勢の神と結びついていったと指摘している（松前健『日本の神々』中公新書）。

天照大神になった持統天皇

上山春平《うえやましゅんぺい》はタカマノハラ系とネノクニ系（黄泉国、出雲）というふたつの神統譜の流れは、「律令制（タカマノハラ系）」と律令以前の古い「氏姓制（ネノクニ系）」の原理の投影で、律令制原理が氏姓制原理を克服したことを表しているとした上で、次のように述べている。

タカマノハラ系の最高神であるアマテラスが、孫のニニギに中つ国（日本）の統治権を与える「天孫降臨」の物語は、天上の神が地上の天皇に化肉する「現神《あきつみかみ》」成立の秘密を解きあかすと同時に、持統および元明と不比等との協力体制の展開にとって必要となった女帝から孫へという前例のない皇位継承の祖形を提示する意味をもった（『続・神々の体系』中公新書）。

つまり、この段階で天照大神は女神である必要が生まれたということだろう。

最大の問題は、持統天皇が天智天皇の娘だったことで、天武天皇の孫たちが即位していく中、持統天皇が女神・天照大神になることによって、観念的には天智の娘の新政権が生まれたことになったのだ。しかも、天智天皇＋中臣（藤原）鎌足、持統天皇＋藤原不比等という、二組の「藤原と手を組んだ王家」であり、ここに、『日本書紀』編纂のもうひとつの目的があったことがわかる。藤原政権は、女神・天照大神の権威を獲得したのであり、だからこそ、本来の太陽神だった蘇我系のスサノヲを、神話の中で鬼に見立てて蔑んだのである。

このように、神話はじつに政治的で、七世紀から八世紀にかけての権力者たちの都合に合わせて書かれていたわけである。

さらに、藤原氏は蘇我氏を打ち倒して強大な権力を独り占めすることができた。その正当性を証明するために、神話を創作し、歴史を改竄《かいざん》していた可能性が高い。五世紀半ばに雄略《ゆうりやく》天皇が出現したころから後の歴史は、ある程度再現できるが、それ以前の『日本書紀』の歴史記述は曖昧で、それは、歴史が正しく伝わっていなかったからだと考えられているが、そうではなく、藤原氏らは、歴史の詳細を告知していたからこそ、真相をごまかし、「古い歴史はわからない」とはぐらかしたのだろう。だからこそ、考古学が進展した今、物証を頼りに、神話の「裏側」をのぞいてみたいのである。

第二章　神話のウソ・ホント

なぜ『日本書紀』は天皇家の神話を統一しなかったのか

神話が謎めく理由のひとつは、『日本書紀』の記事にある。『日本書紀』は、本文の他に、数多《あまた》の異伝を載せている。どれが本当の話なのか、わからないのだ。

『古事記』序文には、壬申《じんしん》の乱を制して即位した天武《てんむ》天皇が、次のように述べられたとある。

「私が聞くところによると、諸々の家のもたらした『帝紀《ていき》』と『旧辞《きゅうじ》』（本辞）は、すでに誤っていると聞く。虚偽を加えているというではないか。今この誤りを改めなければ、すぐに本旨は滅びてしまうだろう。『帝紀』と『旧辞』は、国家組織の根幹となり、王の政治の基礎となる。だから、『帝紀』と『旧辞』をよく調べ、偽りを削り、真実を定めて、後の世に伝えようではないか」

これが、『古事記』編纂《へんさん》の発端になったという。これが事実なら、七世紀後半の段階で、諸家の言い伝えは、多くの間違いが混じっていたことになる。

ならば、『日本書紀』編者は、多くの資料を羅列することで、客観的に神話の真相を探ろうとしたのだろうか。編纂者の歴史家としての良識がそうさせたということになるし、一般的にはそう考えられている。しかし、それはおかしい。『日本書紀』はきわめて政治性の強い文書であり、そうであるならば、政権にとって都合の良い形で神話をまとめる必要があった。神代から続く王家の正統性を証明し、礼讃し、美化する必要があった。それが歴史編纂であり、多くの伝承をすっきりとしたスジに整えて人びとに示さなければならない。それをせず、「舞台裏をあえて見せた」となると、ここに何かしらの目論見があったからだと察しがつく。

たとえば、神の名も、統一されていないのは、奇妙だ。

わかりやすいのは出雲《いずも》の大国主神《おおくにぬしのかみ》だ。大穴持命《おおあなもちのみこと》、大国魂命《おおくにたまのみこと》、大穴牟遅神《おおあなむじのかみ》、大己貴神《おおなむちのかみ》、大物主神《おおものぬしのかみ》など、多くの名が与えられている。よく似ているのは聖徳太子《しょうとくたいし》で、これほど有名な人物でさえ、いくつもの名で語られている。そもそも「聖徳太子」は、後の世の人びとが便宜上呼んでいた名であって、『日本書紀』が正式に記録した名ではない。

用明《ようめい》元年（五八六）正月条に聖徳太子は、廄戸《うまやどの》皇子の名で登場し、別名を豊耳聡聖徳《とよみみとしょうとく》、豊聡《とよと》耳《みみ》法大王《のりのおおきみ》、法主王《のりのうしのおおきみ》とあり、推古《すいこ》元年（五九三）夏四月条には、廄戸豊聡耳皇子《うまやとのとよとみみのみこ》とある。推古朝でももっとも活躍する段になると、名をもらし、ただ「皇太子《ひつぎのみこ》」と呼ばれることが多かった。また、最大の功績のひとつ、第二回目の遣隋使《けんずいし》の一連の記事の中に、聖徳太子が登場しないというのも、大きな謎だ。推古二九年（六二一）春二月に亡くなると、「上宮太子《かみつみやのひつぎのみこ》」「上宮皇太子《かみつみやのひつぎのみこ》」「上宮《かみつみやの》豊聡《とよと》耳皇子《みみのみこ》」と呼ばれるようになる。

女神・アマテラスも、大日孁貴《おおひるめのむち》、日神《ひのかみ》、天照大神《あまてらすおおみかみ》、の名で呼ばれる。神功《じんぐう》皇后摂政前紀に登場する折鈴《さくすず》五十鈴宮《いすずのみや》の撞賢木《つきさかき》厳之《いつの》御魂《みんま》天疎《あまさかる》向津媛命《むかつひめのみこと》も、アマテラスと考えられている。『日本書紀』は、古代史の鍵を握っている人物や神々に、いくつもの名を与えて、正体をはぐらかせている。『古事記』序文は、『古事記』本文の後に書かれたのではないかとする説があり、可能性は非常に高いのだが、そうなると、天武天皇の「諸家の言い伝えには誤りや、虚偽が加えられている」という発言をあえて提示したのは、「『古事記』は、それらの誤りを修正して神話を一本のストーリーにまとめたが、『日本書紀』の神話は、あえてそれを怠った」と、暗示しているとしか思えないのである。

『日本書紀』の目論見は、とても単純だと思う。その単純な「仕掛け」に、史学者の多くは騙されつづけてきたのである。『日本書紀』編者は、「われわれは、どの神話が正しいのか、判断がつかなかった」と言っているが、これが、嘘だったのだろう。つまり、『日本書紀』は歴史を改竄《かいざん》するために、神話を利用して、その痕跡を消すために、ありとあらゆる神話を載せて見せたのだ。「神話を操って、王家の正統性をでっち上げるなどという、姑息なことはしません」と、白々しくとぼけて見せたのだ。

ならば、どうやって、『日本書紀』が隠してしまった歴史や神話を再現することができるのだろう。

今われわれは、『日本書紀』編者たちが想像だにしなかった方法で、古代史を解き明かそうとしている。まさかのちの人間か、土を掘り返して、歴史を解明しようとするなど、考えてもいなかっただろう。考古学の物証は、神話の裏側を、今明らかにしようとしているのである。

国土の誕生

そこでいよいよ、神話を考古学で解き明かしてみたいが、その前に、そもそも『日本書紀』の神話とは、どのような内容なのか、知っておく必要がある。そこで簡単におさらいをしておこう。多くの異伝は、ここでは採りあげず、「本文」「正文」のあらすじを、通して追ってみたい。

さて、『日本書紀』神話は、この世がいまだ混沌とした状態にあったところから始まる。そして、最初に登場する神は、国常立尊《くにのとこたちのみこと》、国狭槌尊《くにさつちのみこと》と豊斟渟尊《とよくむぬのみこと》の造化の神々である。国常立尊から国土を生み出す伊弉諾尊《いざなきのみこと》（男神）・伊弉冉尊《いざなみのみこと》（女神）に至る神々を、神世七代という。

伊弉諾尊・伊弉冉尊は天浮橋《あめのうきはし》の上に立ち、天之瓊矛《あまのぬほこ》を地上界に降ろしかき混ぜた。矛の先からしたたり落ちた潮が固まり、一つの島ができた。それが磤馭慮《おのころ》島で、この島の国の柱をまわりながら、島々を産み落としていく。

伊弉冉尊は子を産むのに淡路洲《あわじのしま》（淡路島）を胞衣《えな》（胎児を包む膜）にした。ただ、二柱の神は、快く思わなかった。そこですぐに、大日本豊秋津洲《おおやまととよあきつしま》（本州）を産んだ。これを皮切りに、伊予《いよ》、筑紫《つくし》を、さらに隠岐《おき》と佐度《さど》を双子にして産んだ。次に、越《こし》（北陸）、大洲《おおしま》（周防《すおう》か）、吉備《きび》の子洲《こしま》（岡山県児島《こじま》半島）、さらに、対馬嶋《つしまのしま》（対馬《つしま》）、壱岐嶋《いきのしま》（壱岐《いき》）を産んでいった。こうして大八洲《おおやしま》国の名が生まれたのだ。

次に、海を産み、川を産んだ。次に山を産んだ。次に木の祖・句句廼馳《くくのち》を、草の祖・草野姫《かやのひめ》

（野槌《のづち》）を産んだ。

伊弉諾尊と伊弉冉尊は、相談した。

「すでに大八洲国と山川草木を産んだ。どうして天下の主になる者を産まないでいられようか」

そこで一緒に、日神を産んだ。大日孁貴という（またの名を天照大神と言い、一書に天照大日孁尊《あまてらすおおひるめのみこと》という）。この御子は光り輝き、天地四方の隅々まで照らした。二柱の神は喜んで、

「こんなに神秘的で霊妙な子はいない。長くこの国に留めるべきではない。天上（高天原《たかまがはら》）に送り、天界のマツリゴトを授けるべきだ」

と述べられ、天柱を伝って、天上にあげられた。次に月の神（月読尊《つくよみのみこと》）を産んだ。火の神に次ぐ、美しい輝きだったため、天上にあげた。次に蛭児《ひるこ》が生まれたが、三歳になっても歩かず、天磐櫲樟《あまのいわくす》船《ふね》に乗せて、風のままに放逐してしまった。次に素《す》戔嗚尊《さのおのみこと》（以下「スサノヲ」）を産み落とした。一書に「神素《かむす》戔嗚尊《さのおのみこと》」「速素《はやす》戔嗚尊《さのおのみこと》」という。この神は勇敢で強く、性格は残忍だった。また、いつも泣くことを生業としていた。その結果、国中の人を多く早死にさせ、青々と木の茂った山を枯らしてしまった。そこで二柱の神は勅《みこのり》して、

「お前は乱暴なやつだから、天下に君臨してはならない。必ず、遠い根国《ねのくに》（木の根の地底の国）に行ってしまえ」

こうしてスサノヲは追いやられたのである。

天の岩戸神話とスサノヲの追放

　スサノヲは、根国に行く前に姉の天照大神（『日本書紀』は、ここから大日孁貴を天照大神と呼ぶようになる。以下「アマテラス」）に一目会い、永久の別れを申し上げたいと伊弉諾尊に懇願する。許されたスサノヲは、天上界に昇るが、この時大音声が響き渡り、アマテラスを驚かせた。そこで髪をミヅラに結い上げた（男装）アマテラスは、

「弟はこの国を奪おうとしているのではあるまいか」

と、スサノヲに詰め寄るが、スサノヲは「他意はない」と、無実を訴える。そこでアマテラスは、「ならば証拠を見せよ」と迫る。

　そこでスサノヲは、誓約《うけい》をして子を産み、スサノヲが女を産めば、汚い心をもっていることになり、男を産めば、清き心の証になる、と言う。

　はたして、アマテラスがスサノヲの十握剣《とつかのつるぎ》を打ち折り三段にして天の真名井《まない》に濯《すす》ぎ、かみ砕き、息を吹き出すと、霧の中から三女神が生まれた。名付けて田心姫《たごりひめ》・湍津姫《たぎつひめ》・市杵島姫《いちきしまひめ》（福岡県宗《むな》像《かた》郡の宗像大社《むなかたたいしゃ》で祀られる）と言い、今度はスサノヲがアマテラスのミヅラと腕に巻かれた八坂《やさか》瓊《に》の五百箇《いおつ》の御統《みすまる》（曲玉《まがたま》や管玉《くだたま》を結んだもの）を天の真名井に濯ぎ、かみ砕いて吹き付けると、霧の中から正哉《まさか》吾《あ》勝勝速日天忍穂耳尊《かつかちはやひあまのおしほみみのみこと》が生まれた。さらに天穂日命《あまのほひのみこと》ら五柱の男の神々が誕生したのである。

　アマテラスは、生まれ出た子たちが、それぞれの持ち物から生まれたから、田心姫らの女神は

スサノヲの子、正哉吾勝勝速日天忍穂耳尊はアマテラスの子と勅した。

ところが、こののち、スサノヲは高天原で乱暴狼藉をくり広げる。驚いたアマテラスは、ここで天石窟《あまのいわや》に閉じこもってしまう。いわゆる天《あま》の岩戸《いわと》神話だ。

国中が夜のような暗やみに包まれ、困り果てた八《や》十万《そよろず》の神々は天安河辺《あまのやすのかわら》に集い、対策を練る。思兼神《おもいかねのかみ》が知恵を出し、常世の長鳴《ながなき》鳥を集め鳴かせ、また、手力雄神《たぢからおのかみ》を磐戸《いわと》のそばに立たせ、中《なか》臣連《とみのむらじ》の遠祖・天児屋命《あまのこやねのみこと》と忌部《いんべ》の遠祖・太玉命《ふとだまのみこと》が天香山の五百箇の真《ま》坂樹《さかき》（たくさんの榊）を掘り出し、その上の枝に八《や》坂瓊《さかに》の五百箇の御統を、中の枝に八《や》咫《たの》鏡を、下の枝に青と白の幣《ぬさ》をかけて祈禱した。また、猿女君《さるめのきみ》の遠祖・天鈿女命《あまのうずめのみこと》は、手に茅纏《かやまとい》の矛《ほこ》を持ち、天石窟戸の前に立ち、一心不乱に舞い狂った。

外の騒々しさを不審に思ったアマテラスは、

「私がこの石窟に籠もって豊葦原中国《とよあしはらのなかつくに》は必ずや暗闇になっているはずなのに、どうして天鈿女命は楽しそうに踊っているのでしょう」

と問いかけ、そっと磐戸を開けて外の様子を御覧になった。

すかさず、手力雄神がアマテラスの手をつかみ、外に引き出したのだった。こうしてスサノヲは、ついに天上界を追放させられてしまう。

ここから神話の舞台は、出雲の国に移る。

スサノヲは天上界から出雲国の簸《ひ》川《かわ》に舞い降り、ひとりの少女を囲んで嘆き悲しむ老夫婦に出くわす。

聞けば、彼らは国神《くにつかみ》の脚摩乳《あしなずち》・手摩乳《てなずち》で、この夫婦の子（童女《おとめ》）の名は奇稲田姫《くしいなだひめ》であった。老夫婦には八人の娘があったが、毎年八岐大蛇《やまたのおろち》に食べられ、今年は奇稲田姫が食べられてしまうのだと言う。なすすべもなく嘆き悲しんでいたのだ。

スサノヲは、奇稲田姫をもらえないかと乞い、奇稲田姫を湯津爪櫛《ゆつつまくし》に変えてミヅラに刺すと（スサノヲが女装した、とする説もある）、酒の入った八つの桶を用意させた。

はたして八岐大蛇はやってきた。

八つの頭、八つの尾をもち、目は赤ほおずきのように輝いている。

案の定、八岐大蛇はそれぞれの桶に頭を突っ込み、酒を飲み始め、酔って寝てしまった。スサノヲはすかさず十握剣で斬りつけた。尾を割いてみると、一振りの剣が現れた。これが、のちにヤマトタケルの手に渡る草薙剣《くさなぎのつるぎ》である。

こうして八岐大蛇を退治したスサノヲは、「すがすがしいところ」だからと、出雲の須賀《すが》に宮を造り、子をなした。それが大己貴神《おおなむちのかみ》（すでに触れたが、いくつもの別名があったと神代第八段一書第六などにある。葦原醜男《あしはらのしこお》、八千戈神《やちほこのかみ》なども、同一の神だ。また、『古事記』には、スサノヲの六世の孫が大国主神で、スサノヲの娘の須勢理毘売《すせりひめ》と結婚したとある。実際には、スサノヲの婿養子になったのが大国主神と思われるが、詳述は避ける）で、この神が誕生して、スサノヲは根国へと去っていく。

出雲の国譲り神話

ここから物語は、出雲の国譲りへと進んでいく（神代下第九段）。

アマテラスの子の正哉《まさか》吾《あ》勝勝速日《かつかちはやひ》天忍穂耳尊《あまのおしほみみのみこと》と高皇《たかみ》産霊尊《むすひのみこと》の娘・栲幡千《たくはたち》々《ぢ》姫《ひめ》との間に天津《あまつ》彦彦《ひこひこ》火瓊《ほのに》瓊《に》杵尊《ぎのみこと》が生まれた。すると高皇産霊尊は、この天津彦彦火瓊瓊杵尊を立てて、葦原中国《あしはらのなかつくに》に君臨させよう、と画策する。

高皇産霊尊は神々を集め、

「私は葦原中国の邪しき鬼を打ち払い平らげようと思うが、誰を遣わせばいいだろう」

と問いただした。すると、

「天穂日命《あめのほひのみこと》がよいでしょう」

と言うので、天穂日命（出雲国造《いずもくにのみやつこ》家の祖）を遣わしてみたが、大己貴神に媚びへつらい、とうとう三年もの間復命しなかった。そこで天穂日命の子も遣わしてみたが、父と同じで、出雲に同化してしまった。

高皇産霊尊は切り札として、天国玉《あまつくにたま》の子の天稚彦《あめのわかひこ》に天鹿児弓《あめのかごゆみ》と天羽羽矢《あめのははや》を授けて送り込む。ところが、期待は裏切られた。天稚彦は顕国玉《うつしくにたま》（大己貴神の別名）の娘・下照姫《したでるひめ》（『古事記』には、大国主神の娘・下光比売命《したでるひめのみこと》とある）を娶《めと》り、やはり復命しなかったのである。

葦原中国に放った神々がなかなか復命してこないのを不審に思った高皇産霊尊は、雉《きぎし》（鳥の雉《きじ》）を遣わすが、天稚彦は天鹿児弓と天羽羽矢で、雉を射殺してしまう。その矢が雉の胸を貫き、高天原の高皇産霊尊のもとに届く。高皇産霊尊は、矢に血の付いているのをみて、国神との間に戦闘があるものと推察し、矢を投げ返した。するとその矢は、天稚彦の胸に突き刺さり、亡くなってしまった。

下照姫は嘆き悲しみ、喪屋《もや》をつくって弔った。この時、天稚彦と仲のよかった味耜高彦根神《あじすきたかひこねのかみ》の姿形が天稚彦にそっくりだったため、親族が、「天稚彦は死んでいなかった」と喜んだという。しかし、味耜高彦根神は死人と間違われたことに憤慨し、剣を抜き喪屋を斬り倒してしまった。

高皇産霊尊は再び遣わす者の人選をはじめる。ここで選ばれたのが、経津主神《ふつぬしのかみ》と武甕槌神《たけみかづちのかみ》だった。

二柱の神は出雲国の五十田狭《いたさ》の小汀《おはま》に舞い降り、十握剣を抜いてさかさまに地に突き立て、その上にひざを立てて座り、大己貴神に、

「高皇産霊尊が皇孫を下し、この地に君臨させようとされている。おまえはここから去るや否や」

と詰め寄った。大己貴神は、

「我が子（事代主神《ことしろのぬしのかみ》）に聞いて、それからご返答いたしましょう」

と答えた。

この時、事代主神は出雲の三穂《みほ》の崎にいて、釣り（あるいは鳥の遊びとも）をして遊んでいた。そこで、熊野《くまの》の諸手船《もろてぶね》に使者を乗せ高皇産霊尊の勅を伝えた。事代主神は、

「天神のおっしゃることに、父（大己貴神）は逆らうべきではないでしょう。私も従いましょう」

こうして事代主神は波の上に八重蒼柴籬《やえのあおふしがき》（幾重もの垣＝神として隠れる神籬《ひもろぎ》）を作り、船を踏み傾けて、海に消えていった。

天孫降臨神話のいきさつ

大己貴神はこれを受けて、

「頼みにしていた我が子もすでに去ったのであれば、私も姿を消しましょう。私がここで手向かえば、国中の諸々の神々が私に従って騒ぎ出すでしょう。逆に、私がいま去れば、みな戦わないでしょう」

こうして大己貴神は、国を平定した時の広矛《ひろほこ》を経津主神らに授け、

「私はこの矛を以て功をあげることができました。天孫もこの矛をもって国を治めれば、必ずうまくいくでしょう。私はいまから百足《ももた》らず八十《やそ》隈《くま》（八十＝数の多いこと。隈＝幽界）に隠れましょう」

と述べ、そのまま去ってしまった。こうして経津主神たちは、鬼神たちを討ち取ったのである。

高皇産霊尊は皇孫《すめみま》・天津彦彦火瓊瓊杵尊を真床追衾《まとこおうふすま》（玉座《ぎょくざ》をくるむ衾《ふすま》）に包んで「日向《ひむか》の襲《そ》の高千《たかち》穂峯《ほのたけ》（比定地に二説ある。宮崎県西臼杵《うすき》郡高千穂、鹿児島県と宮崎県の県境に屹立する霧島）」に降臨させた。

天津彦彦火瓊瓊杵尊は、槵日《くしび》の二上《ふたかみ》の天浮橋（二つの峰が続く山を意味している）から浮島があって平らな地に立ち、膂宍《そしし》の空国《むなくに》（痩せた不毛の地）を丘伝いに良い国を求めてさまよい歩き、ついに、吾田《あた》の長屋《ながや》の笠沙碕《かささのみさき》（薩摩半島の西海岸、野間《のま》岬か）に至ったのである。

ここでひとりの人物と出会う。事勝国勝長狭《ことかつくにかつながさ》（一書第四では、塩土老翁《しおつつのおじ》ともある。のちに出て

くるが、塩土老翁は、神武天皇をヤマトに誘った神である。別名は住吉大神）と名のったその男に、皇孫（天津彦彦火瓊瓊杵尊）は、

「国はあるか、否か」

と問いかけた。すると男は、

「あります。もしお気に召すようであれば、ごゆっくりなさってください」

と言うので、皇孫はこの地に住まうことを決意した。

この国に、天神が大山祇神《おおやまづみのかみ》（山の神）を娶って産んだ鹿《か》葦津《あしつ》姫《ひめ》（木《この》花之《はなの》開耶《さくや》姫《ひめ》）という美女がいた。皇孫はその娘を気に入られ、召された。すると一夜で孕んだので、皇孫は「自分の子ではないだろう」と疑った。

鹿葦津姫は怒り、恨み、無戸室《うつむろ》（出入口を塞いだ部屋）に閉じこもり、

「孕んだ子がもし天孫の御子でないのなら、焼け滅びましょう。もしほんとうに天孫の御子であるならば、火で損なわれることはないでしょう」

こう言って火を放ってしまった。

こうして生まれてきたのが、まず隼人《はやと》らの始祖・火闌降命《ほのすそりのみこと》（海幸彦《うみさちひこ》）。そして天皇家の祖にあたる彦火《ひこほ》火《ほ》出《で》見尊《みのみこと》（山幸彦《やまさちひこ》）、さらに、尾《お》張《わり》氏らの始祖・火明命《ほあかりのみこと》の三柱の御子であった。

しばらくして、天津彦彦火瓊瓊杵尊は亡くなり、筑紫《ちくし》日向《ひむかの》可愛《え》（鹿児島県薩摩《さつま》川内《せんだい》市宮内町、あるいは、宮崎県延岡《のべおか》市北方の可愛《え》岳《のたけ》か）の山陵に葬られたという。

いわゆる海幸山幸神話

ここから話は日向神話の世界に突入する。海幸彦と山幸彦の兄弟の物語だ。天津彦彦火瓊瓊杵尊のふたりの子、兄の火闌降命は海の幸を、弟の彦火火出見尊は山の幸を得る霊力を備えていた。ある時「ためしに二人の幸を交換してみよう」ということになって、兄の釣り針と弟の弓矢をそれぞれ交換した。

ところが、弟は兄の釣り針をなくしてしまった。そこで新しい釣り針を工面して兄に渡したが、それを受け取らない。もとの釣り針でないとダメだ、と言うのだ。困り果てた彦火火出見尊が海辺をさまよっていると、「どうなされた」と問いかける塩土老翁に出会った。

事情を説明すると、

「心配はいりません。あなたのために、いい方法を考えましょう」

こう言って、塩土老翁は無目籠《まなしかたま》（目もないほど固く編んだ籠）をつくって彦火火出見尊を中に入れ、海に沈めた。流された籠は可怜小汀《うましおはま》（きれいな小さな浜）に辿り着いた。彦火火出見尊は歩き出すと、すぐに海神《わたつみ》の宮に着いた。宮の門のそばに井戸があって、扉を開いてひとりの美しい乙女が現れた。驚いた乙女は宮に戻り、「珍しい客がいる」と父母に知らせる。

海神は彦火火出見尊を招き入れ、来訪の理由を問いただした。子細を知った海神は魚たちを集めて釣り針の行方を探索した。すると鯛が口の病で来られないことを知る。調べてみると、やはり釣り針だった。

彦火火出見尊は海神の娘・豊玉姫《とよたまひめ》を娶り、海宮に三年とどまった。生活は楽しかったが、故郷を思う気持ちが募り、嘆き悲しんだ。豊玉姫はその様子を父に報告したところ、帰ることを許した。海神は釣り針を彦火火出見尊に授け、次のように教え諭した。

「この釣り針を兄に返すとき、『貧鉤《まじち》』と言ってから渡してみなさい」

また、潮満瓊《しおみつのたま》・潮涸瓊《しおひるのたま》を授け、

「潮満瓊を水につけると、たちまち潮が満ち、あなたの兄を溺れさせるでしょう。もし兄が悔いて救いを求めてきたら、今度は潮涸瓊を水につければ、潮はおのずから引いていきます。こうすれば、兄はあなたの前にひれ伏すでしょう」

と、策を授けた。

彦火火出見尊が帰ろうとするその時、豊玉姫は次のように告げた。

「私は子を孕みました。間もなく生まれるでしょう。風や波の速い日に海辺に上がり産むつもりです。願わくは、私のために産屋をつくり、待っていてほしいのです」

こうして彦火火出見尊は、もとの地に戻ってきた。すぐに海神の教えを実行し、兄火闌降命を溺れさせると、

「今よりのちは、私はあなたの俳優《わざおぎ》の民（神前でさまざまな芸をする人）となりましょう」と申し出た。彦火火出見尊は、これを許した。ここにある火闌降命は、吾田君《あたのきみ》（隼人《はやと》）の祖であるという。

のちに、豊玉姫は妹の玉依姫《たまよりひめ》を連れ、約束通りやってきた。子を産む段に至り、

「子を産む姿を、どうか見ないではしい」

と言ったが、彦火火出見尊は、我慢できず、産屋をのぞき込んでしまう。すると、豊玉姫は「龍」の姿になっていた。ちなみに『古事記』には、「八《や》尋《ひろ》和《わ》邇《に》（大きなワニ＝サメ）」になっていたとある。それはともかく……。

豊玉姫は、

「もし私を辱めるようなことがなければ、海と陸は仲良く通い合い、隔たりなどなかったものを、いますでに辱めを受けてしまいました。どうしてこののち睦まじくできましょう」

こう言って御子を草で包んで浜辺に棄て、海に通じる道を閉じて、去っていった。

そこで御子の名を彦波瀲《ひこなぎさ》武《たけ》鸕《う》鷀草葺不合尊《かやふきあえずのみこと》という。

しばらくして、彦火火出見尊は亡くなり、日向の高屋山上陵《たかやのやまのえのみささぎ》に葬られた。

彦波瀲武鸕鷀草葺不合尊は叔母・玉依姫を妃となし彦五瀬命《ひこいつせのみこと》、稲飯命《いないのみこと》、三毛入野命《みけいりののみこと》、神日本《かむやまと》磐余彦尊《いわれひこのみこと》（神武天皇）の四人の子を産んだ。しばらくして彦波瀲武鸕鷀草葺不合尊は亡くなり、日向の吾平山上陵《あいらのやまのえのみささぎ》（鹿児島県鹿屋《かのや》市吾《あ》平町《いらまち》か）に葬られた。

日向からヤマトを目指した神武

『日本書紀』の神話（上下二巻）はここで終わる。これに続き、巻第三、神日本磐余彦尊（以下神武天皇）の話が始まる。

それは、天祖《あまつみおや》が降臨してから「一百七十九万二千四百七十余歳」の年月がたっていたという。

しかし、遥か遠くの地は、なおいまだ王《おおきみ》（天祖）の恵みが及ばず、集落ごとに長《おさ》（首長《しゅちょう》、王）がいて、境を分かち、凌ぎあい、争っていた。

神武天皇四五歳の年（神武紀元前七年）のこと、塩土老翁が言うには、

「東の方角に、美しい土地があります。周囲を山に囲まれ、その中にすでに天磐船《あまのいわふね》に乗って舞い降りたものがいます」

ということだった。そこで神日本磐余彦は、「私が思うに、その地は、必ずや大業を広め天下を治めるのに適したところであり、おそらく、国の中心になるであろう。その舞い降りたというものは、ニギハヤヒ（饒速日命《にぎはやひのみこと》）に違いない。その地に赴き、都にするに限る」

と述べられた。すると諸々の皇子たちも、

「まさにそのとおりでしょう。われらもそう思います。さっそく出立いたしましょう」

と同調した。

こうして、同年冬一〇月五日、自ら軍団を率いた神武天皇は、日向を出立したのだった。

神武一行が速吸之門《はやすいのと》（豊予《ほうよ》海峡）に至った時、ひとりの漁師がいて、舟に乗り込んできた。名を問うと、

「私は国神《くにつかみ》（土着の神）で、名を珍彦《うずひこ》といいます。このあたりで釣りをしています。天神の御子がいらっしゃると聞きつけ、こうしてお出迎えに上がったのです」

そこで神武は、「このあたりの案内ができるか」と尋ねたところ「お任せください」と言うので、「海導者《みちびきひと》」を命じ、椎根津彦《しいねつひこ》の名を与えた。椎根津彦はのちに倭国造《やまとのくにのみやつこ》となる。

一行は筑紫国《つくしのくに》の菟狭《うさ》（大分県宇佐市《うさし》）に立ち寄り、菟狭国造の祖・菟狭津彦《うさつひこ》、菟狭津媛《うさつひめ》の歓待を受ける。

菟狭からは、瀬戸内海を東に向かえばヤマトに行き着く。だが、一行は寄り道をし、一一月九日、筑紫国の岡水門《おかのみなと》（福岡県遠賀郡《おんがぐん》蘆屋町《あしやまち》）に立ち寄り、ここからヤマトを目指す。

一二月二七日に安芸国《あきのくに》（広島県安芸郡）に至り、翌年の三月六日、安芸から吉備国《きびのくに》に移り、三年を過ごし、軍備を整《ととの》えた。ちなみに、『古事記』には、神武天皇の一行は、北部九州に一年、安芸に七年、吉備に八年滞在した、と記されている。この『日本書紀』と『古事記』の記述の差が、いったいどこからきているのか、定かではない。また、なぜこれだけの長期間各地にとどまったのか、理由がよくわからない。それはともかく、話を東征説話に戻そう。

神武紀元前三年の春、神武はいよいよ難波碕《なにわのみさき》（大阪市中央区）に上陸、三月一〇日には淀川を遡《さかのぼ》り、河内国《かわちのくに》草香邑《くさかむら》（大阪府東大阪市日下町《くさかちょう》）に至り、さらに四月九日には龍田《たつた》（奈良県北葛城郡《かつらぎぐん》王寺町《おうじちょう》）へ向かおうとしたが、道が狭く、引き返さざるを得なかった。改めて膽駒山《いこまやま》（生駒山《いこまやま》）を越えてヤマトを目指したが、ここでヤマト土着の首長・長髄彦《ながすねひこ》が噂を聞きつけた。

「天神の子がやってくるというのは、わが国を奪おうとしているのに違いない」

そう考えた長髄彦は兵を挙げ、孔舎衛坂《くさえさか》（東大阪市日下町《くさかちょう》）で両軍は激突し、皇軍は苦戦した。

神武の長兄の五瀬命《いつせのみこと》に矢が当たり、神武は憂えた。

「私は日神の子孫なのだから、日に向かって（東向きに）敵を討つのは、天の道に反している。ここはいったん退いて、わざと弱いように見せかけて、天神地祇《てんじんちぎ》を祀り、太陽を背に日神の威を借りて攻めれば、敵はおのずから降服するだろう」

　これにみなが同意したので、陣を引いた。

紀伊半島を迂回した神武

　こうして神武は、紀伊半島を迂回し、熊野からのヤマト入りを目指した。五月、茅渟《ちぬ》の山城水門《やまきのみなと》（大阪府泉南市樽井）から紀《きの》国の竈山《かまやま》（和歌山県和歌山市和田）に至った時、五瀬命が亡くなられた。

　六月、狭野《さの》（和歌山県新宮《しんぐう》市佐野《さの》）から熊野の神邑《みわのむら》（新宮市新宮）に至った時、嵐に襲われた。舟は荒波に漂い、神武の兄・稲飯命《いないのみこと》が嘆き、

「ああ、われらが祖は天神、母は海神である。それなのに、なぜ陸に海に苦難を与えるのであろう」

　そう言って剣を抜き海に入り鋤持神《さいもちのかみ》となった。三毛入野命《みけいりののみこと》も恨んで、

「わが母と伯母は、海神ではないか。なぜ波を荒立て、溺れさせ困らせるのだ」

　そう言って波頭を踏んで、常世国《とこよのくに》に行かれてしまった。要するに人身御供《ひとみごくう》になった、ということであろう。

　三人の兄を失った神武であったが、息子の手研耳命《たぎしみみのみこと》とともに、ようやくの思いで熊野の荒坂津《あらさかのつ》（三重県北牟婁《むろ》郡北牟婁錦町か）に辿り着いた。だがここで、神の毒気に当たり、みな体力を奪われ、萎えてしまった。

そこに現れたのは熊野の高倉下《たかくらじ》という人物で、その男が言うには、夢の中に天照大神が出現し武甕雷神《たけみかづちのかみ》に、

「葦原中国はまだ騒々しいようだから、おまえが行って平《たい》らげてきなさい」

と命じたが、武甕雷神は、

「私が行かずとも、国を平らげる私の剣を下せば、国は自ずから平らげられるでしょう」

と言うので、天照大神は納得したという。

武甕雷神は高倉下に、

「私の剣は名を韴霊《ふつのみたま》という。いままさに、おまえの蔵に置いておく。それを取って、天孫に献上しなさい」

翌朝、夢から覚めた高倉下は、夢の教えのままに蔵を開いてみると、剣が床に刺さっていた。高倉下はこの剣を持って神武のもとを訪ねると、憔悴し眠りこけていた一行は、みな精気を取り戻した。

ちなみに、ここに登場する高倉下を、『先代旧事本紀《せんだいくじほんぎ》』は、饒速日命の子の天香語山命《あめのかごやまのみこと》と同一人物であったとしている。要するに、尾張《おわり》氏の祖にあたる。

気を取り直した神武天皇は、いよいよヤマトを目指した。ところが、険しい地形で、道なき道を進んでいるうちに、迷ってしまった。

すると、夜、神武の夢枕に天照大神が立ち、

「朕《われ》は今から頭八咫烏《やたのからす》（八咫烏《やたからす》）を遣わす。それに、道案内させなさい」

と言う。すると本当に頭八咫烏が現れた。ちなみに、『新撰姓氏録《しんせんしょうじろく》』によれば、頭八咫烏は鴨《かもの》（賀茂《かも》）県主《あがたぬし》の祖にあたるという。

頭八咫烏の勇姿を見て神武は、

「皇祖・天照大神は、まさにわれらの偉業を助けようとなさっているのだ」

と喜んだ。また、大伴《おおとも》氏の遠祖・日臣命《ひのおみのみこと》が頭八咫烏を追っていくと、菟《う》田下県《だのしもつあがた》（奈良県宇陀《うだ》市）に辿り着いた。神武は日臣命の功績を称え、「道臣《みちのおみ》」の名を与えた。

天香具山の呪術を施した神武

もうヤマトは目前である。八月二日、神武は菟田県の首長・兄猾《えうかし》と弟猾《おとうかし》を呼び出したが兄猾は現れなかった。弟猾は兄猾が奸計《かんけい》をもって神武殺害を企んでいることを知らせた。日臣命を差し向け探らせると、弟猾の言うことが正しいとわかった。日臣命が兄猾を追いつめ、兄猾は自ら作り出した罠にはまり死んだ。

吉野に入った神武の前に、井戸の中から尾の光る国神の井光《いひか》が現れ、恭順した。井光は吉野《よしのの》首《おびと》らの始祖である。また、尾っぽをはやした男が磐《いわ》を押し分けて現れた。磐排別《いわおしわく》と名乗り、国樔《くず》の祖となる。

九月五日、神武は菟田の高倉《たかくら》山（奈良県宇陀《うだ》市大宇陀守道《もりみち》）の頂きに登り、あたりを見晴らした。すると国見《くにみの》丘（宇陀市と桜井市の境にある経《きょう》ヶ塚《つか》山か）の上に八《や》十《そ》梟帥《たける》が立っていた。周囲には男女の軍団が火を焚いて待ちかまえ、また、兄《え》磯城《しき》なる者が磐余邑《いわれのむら》（奈良県桜井市中部から橿原《かしはら》市東南部）で手ぐすね引いて待っていた。賊の構えるところはどこも要害の地で、道は塞がれ、このままではヤマトに入ることはできない。

この夜、神武は夢を見た。天神が現れ、次のように告げた。

「天香山（天香具山）の社の中の土を取って、天平瓮《あまつひらか》（平らな土器）八十枚をつくり、また厳瓮《いつべ》（甕）をつくり、天神地祇を敬い祀れ。さらに厳呪詛《いつのかしり》を行え（呪いをかけろ、ということ）。そうすれば、敵はおのずから平伏するであろう」

そこで、椎根津彦（珍彦）に卑しい服と蓑笠《みのかさ》を着せ、老父の格好にし、弟猾に箕を着せ老婆の格好をさせ、勅して次のように命じた。

「ふたりで天香山に至り、密かにその頂きの土を取ってきなさい。ヤマト建国の大業の成否は二人が土を取ってこられるかどうかで占ってみよう」

こうしてふたりは天香山に向かった。だが敵兵が道に満ちあふれ、とても通れそうになかった。そこで椎根津彦は、祈り、占った。

「わが皇（神武）がこの国を治めるべき人ならば、行く道を通わせたまえ。もしそうでないのなら、われらは賊に討たれるだろう」

すると、ふたりの姿を見た賊は、「みっともないやつらだ」と大いに笑い、罵声を浴びせた。その隙をついて、ふたりは山に至った。土を取って帰り、その土で八十平瓮と厳瓮をつくり、神武は丹生《にう》の川上（奈良県吉野郡東吉野村小川）に登り、天神地祇を祀り、敵に呪いをかけた。

神武を助けた金色の鵄

冬一〇月、厳瓮の供物を召し上がり、兵を整え出陣した。八十梟帥を国見丘に破り、神武はこの戦が必ず勝つと信じていた。

一一月には、大軍を率い、兄磯城を討とうと企てた。まず兄磯城に使いを送り、召されたが、兄磯城は答えなかった。そこで頭八咫烏を遣わされ、敵陣で、

「さあさあ、天神の御子が召しておられます」

と鳴くと、兄磯城は怒り、

「天神がやってきたといい腹立たしく思っているのに、なぜ烏が鳴くのか」

そう言って、矢を放ったので、頭八咫烏はそのまま飛び去った。次に、弟磯城《おとしき》の館に行って同じように鳴いてみると、弟磯城は恐れ入り、かしこまった。

「私は天神の御子がいらっしゃると聞き、恐れかしこまっていたところだ。よいことだ。烏がこのように鳴くとは」

そう言って、平らな皿八枚に食べ物を盛って烏を饗応した。そして、烏の導くままに、神武のもとにやってきて、次のように告げた。

「私の兄、兄磯城は、天神の御子がやってこられるということを聞き、八十梟帥を集め、軍備を整《ととの》えております。すみやかに準備をされた方がよいと思います」

これを聞いた神武は、さっそく軍議を開き、意見を問うと、まず弟磯城を遣わして兄磯城を説

得し、それでも従わなかったら、討ち取りましょう、と進言を受けた。だが、弟磯城を遣わしてみても、兄磯城はただ反発するだけだったので、神武はこれを討ち滅ぼしたのである。

一二月、いよいよ神武の一行は、長髄彦と対峙することとなった。

幾度も攻めたが、なかなか破ることができなかった。時に天候がにわかに変わり、氷雨が降った。その時、金色の不思議な鵄《とび》が飛んできて、神武の弓の上にとまった。鵄は光り輝き、まるで雷のようだった。これを見た長髄彦の軍勢は、目をくらませてひるんだ。長髄は邑《むら》（村）の名で、それに因んで人の名になったものだ。だが、皇軍が鵄の瑞兆《ずいちょう》を得たところから、人びとは「鵄の邑」と名付けた。今、この地を「鳥見《とりみ》（奈良県生駒市）」というのは訛ったからである。

ここから、いよいよ神武東征のクライマックスがやってくる。

裏切られたナガスネビコ

鵄の出現で神武の軍は勢いを得たが、神武の兄・五瀬命は敵の矢にあたり戦死した。神武は怒り狂い、長髄彦を必ず殺そうと心に誓った。すみやかに兵を放って、長髄彦を攻めた。

この時、長髄彦は使いを遣わし、神武に次のように語らせた。

「昔、天神の御子がいらっしゃいました。天磐船に乗って天より降りてまいりました。名付けて櫛玉《くしたまの》　饒速日命と申します。わが妹の三炊屋《みかしきや》媛《ひめ》を娶り、子ができました。可美真《うましま》手命《でのみこと》と申します。そこで、私は饒速日命を、君として仕えてきたのです。いったい、天神はふたりいるのでしょうか。あなたは天神の子を名乗り、人の土地をだまし取ろうとされているのではありませんか」

これに対し神武は、

「天神の子は多くいる。もし、あなたが君主と仰ぐ人物が本当に天神の子であるというのならば、必ず、それを証明するものをもっているはずだ。それをまず示してみよ」

と述べた。すると長髄彦は、饒速日命の天羽羽矢《あめのははや》と歩靫《かちゆき》を出して、それを神武に差し出した。

神武はこれをみて、

「嘘ではないようだ」

といい、今度は、自分の天羽羽矢と歩靫を見せたのだった。

長髄彦はそれを見て、ますますかしこまり、恐れ入った。だが、すでに戦う用意はできている。ここで勢いを削ぐわけにはいかないと考え、改心する様子はなかった。

この時、饒速日命は、天神が心配されているのは、天孫のことであることを知っていた。また、長髄彦の性格がねじれ、人の言うことを聞かないことを知っていた。天神と人とはまったく違うのだということを教えてもわからないと判断し、長髄彦を殺し、帰順してきた。

神武は饒速日命が天から舞い降りてきたことを信じ、また、長髄彦を殺し、忠誠を誓ったので、これを寵愛した、という。この饒速日命が、物部《もののべ》氏の祖だった。

これが『日本書紀』に描かれた神武東征の一部始終である。

淡路島で見つかった鉄器工房

『日本書紀』神話でまず注目しておきたいのは、イザナキ（伊弉諾尊）とイザナミ（伊弉冉尊）

が国土を生み出す場面だ。本州が生まれる前に、まず淡路島が「胞衣《えな》」となって、出現した。たしかに、奈良盆地の西側の生駒山や葛城山（あるいは二上山《ふたかみやま》）から、淡路島（兵庫県）は手に取るように見える。だから、ヤマト政権側から神目線で「淡路島が一番最初」と考え、そのあと本州島を生むという発想があったのかもしれない。

しかし、「淡路島が最初」という設定には、もっと深い意味が込められていたように思えてならない。何しろ、淡路島はヤマト政権にとって、特別な場所だったからだ。

弥生時代後期（ヤマト建国直前）の日本列島の中で、ヤマトは鉄器の過疎地帯だった。北部九州を中心に、日本海側の諸勢力が、朝鮮半島で採れる鉄を大量に手に入れていたが、南部近畿にはまわってこなかった。

邪馬台国畿内説《やまたいこくきないせつ》が有力視されるようになってきたが、「ならばなぜ、鉄器の過疎地帯だったのか」という謎が残されていたのだ。ところが、奈良盆地の目と鼻の先の淡路島で、この謎を解き明かすかもしれない遺跡が見つかった。それが、五斗長垣内《ごっさかいと》遺跡（淡路市黒谷《くろだに》）と舟木《ふなき》遺跡（淡路市舟木）である。

平成一六年（二〇〇四）に巨大台風が淡路島を襲ったが、その復旧作業の最中、農地から弥生時代後期の建物跡と多数の遺物が発見された。これが、国史跡・五斗長垣内遺跡である。

竪穴建物跡が二三棟見つかっていて、そのうち鉄器工房と思われる竪穴建物跡は一二棟にのぼった。さらに鉄器一三〇点、石製工具類が多数見つかっている。弥生時代後期（一世紀ごろ）に同じ場所で百年以上つづいた鍛冶工房だったことがわかった。南北約一〇〇メートル、東西約五

○○メートル。鏃《やじり》、鉄片など七五点や、砥石《といし》、石槌《いしづち》、石製工具などが出土した。

さらに、北東六キロの場所に、舟木遺跡も見つかって、「やはり近畿地方にも鉄はあったのだ」と、もてはやされるようになった。

舟木遺跡の発掘調査は現在、四〇ヘクタールだが、さらに広いことがわかっている。弥生時代後期（二世紀半ばから三世紀初め）にかけての鉄器工房跡で、ヤマト建国直前で邪馬台国の時代とほぼ重なる。四棟の竪穴建物跡が見つかっていて、その中の一棟の床面は赤く焼けたあとが見られる。鉄器や鉄片約六〇点も出土した。今後、相当数の鉄器が出現するのではないかと期待されている。

淡路島で鉄器工房が見つかったことで、邪馬台国畿内論者は、小躍りした。「淡路島から近畿地方に鉄が供給されたに違いない」と、考えた。とすると、神話の中で淡路島が本州島よりも先に生まれたという設定は、淡路島の鉄が、大きな意味をもっていたのだろうか。淡路島で鉄器を作りはじめた結果、ヤマトが建国されたということなのだろうか。しかもそれが、邪馬台国だったのだろうか。

淡路島の鉄器工房を造ったのは西の勢力

結論から先に言ってしまうと、淡路島に鉄器工房が設けられたのはヤマト側の施策ではなく、西側勢力（北部九州、瀬戸内西部、出雲）がヤマトを封じこめるために、淡路島を取り込んだ結果と思われる。鉄を渡す代わりに、「明石海峡を通せんぼしよう」と、持ちかけたのだろう。な

五斗長垣内遺跡（淡路市黒谷）
最も大きな竪穴建物を再現した「ごっさ鉄器工房」

「ごっさ鉄器工房」の内部

ぜそう思うか、以下、説明する。

「畿内」という言葉がある。都の周辺一帯を指していた。具体的には、大和国《やまとの》・山背《やましろの》（城）国・摂津国《せつつの》・河内国《かわちの》・和泉国《いずみの》で、明石海峡の東側が畿内で淡路島は境界線だが、畿内ではない。大化二年（六四六）に発せられた改新之詔《かいしんのみことのり》に、「西は赤石《あかし》の櫛渕《くしふち》より以来《こなた》」とあり、西の境は「櫛渕」と定められた。現在の神戸市須磨《すま》区一の谷町から垂水《たるみ》区塩屋町付近で、万葉歌には「明石《あかし》の大門《おほと》」とある。瀬戸内海を西からやってきて明石海峡を越えたところで、「故郷に帰ってきた」と、万葉びとたちは喜んでいる。

これは、大きな意味をもっている。逆に言えば、明石海峡から西側は、ヤマトからみて異界だったのだ。これは、ヤマト建国時からの伝統ではあるまいか。

『播磨国風土記《はりまのくにのふどき》』に、興味深い記事が残されている。まず注目すべきは、神話の出雲神や出雲の関係者が頻繁に登場することだ。

賀古《かこ》郡の条に、景行《けいこう》天皇（大帯日子命《おほたらしひこのみこと》）が播磨国（兵庫県南西部）印南郡に皇后を求めて訪れた際、皇后の「床掃《とこはら》へ仕《つか》へ奉れる（寝床の掃除などに奉仕する者）出雲臣比須良比売《いずものおみひすらひめ》」が登場する。

餝磨《しかま》郡英賀《あが》の里条《さとのじょう》には、伊和《いわ》の大神の子、阿賀比古《あがひこ》、阿賀比売《あがひめ》の名が挙がる。「伊和の大神」は、出雲系伊和氏族の奉祭した神だ。同郡伊和の里条には、伊和の神を祀る伊和氏が出てくる。また出雲の大汝命《おおなむちのみこと》の子の火明命《ほあかりのみこと》の行動が荒々しかったので、大汝命は、子を捨てようとして船で逃れる子を波を立てて追ったが、逆に遭難してしまいひどい目に遭ったといい、一帯の地名説話になっている。同郡枚野《ひらの》の里条には、大汝少日子《おおなむちのすくなひこ》根命《ねのみこと》が登場している。出雲で活躍した大己貴神《おおなむちのかみ》（大汝命）と少彦名命《すくなひこなのみこと》を足したような名だ。揖保《いぼ》郡香山《かぐやま》の里条には、伊和の大神が「国占め（この土地を占有）」しようとして山に登った話、同郡阿豆《あつ》の村では、伊和の大神がめぐっている時、胸の中が熱くなって、衣の紐を解いたから、「あつ」と名付けたこと、同郡上岡の里条には、出雲の国の阿菩《あぼ》の大神（系譜不明。出雲国式内社伊佐賀《いさが》神社〔島根県出雲市斐川《ひかわ》町〕の祭神）が、ヤマトの畝火《うねび》・香山《かぐやま》・耳梨《みみなし》（大和三山）が争ったためそれを諫《いさ》めて止めようとしてここにやってきた時、争いが収まったので、乗っていた船を裏返して伏せて鎮座した「坐しき」（つまり喪船の蓋をして埋葬された、亡くなって葬られた、ということ）とある。同郡立野《たちの》条には、その昔、土師《はじ》（土器、埴輪《はにわ》を造る人）弩美宿禰《のみのすくね》（出雲国造家同族の野見宿禰《のみのすくね》）が出雲国と往き来していた時、ここで亡くなり、出雲の人々がやってきて、川の石を運び、墓を造った。それで、「立野」の地名が生まれたとある。

野見宿禰に関しては、『日本書紀』にも記事が残る。第一一代垂仁《すいにん》天皇の時代にヤマトに呼び出され、当麻蹶速《たいまのけはや》と相撲を取ったとある（けり殺してしまった）。その後、垂仁天皇に仕え、殉《じゅん》葬《そう》の風習を改め、埴輪の制度を確立し、土師氏の姓を下賜された。

播磨「国占め」神話

ところで、『播磨国風土記』には、計一八の「国占め」神話が記録されている。また、河川ごとに特徴があって、揖保《いぼ》川は伊和大神とアメノヒボコ・葦原志挙《あしはらのしこ》乎命《をのみこと》、市川は荒ぶる神、加古川

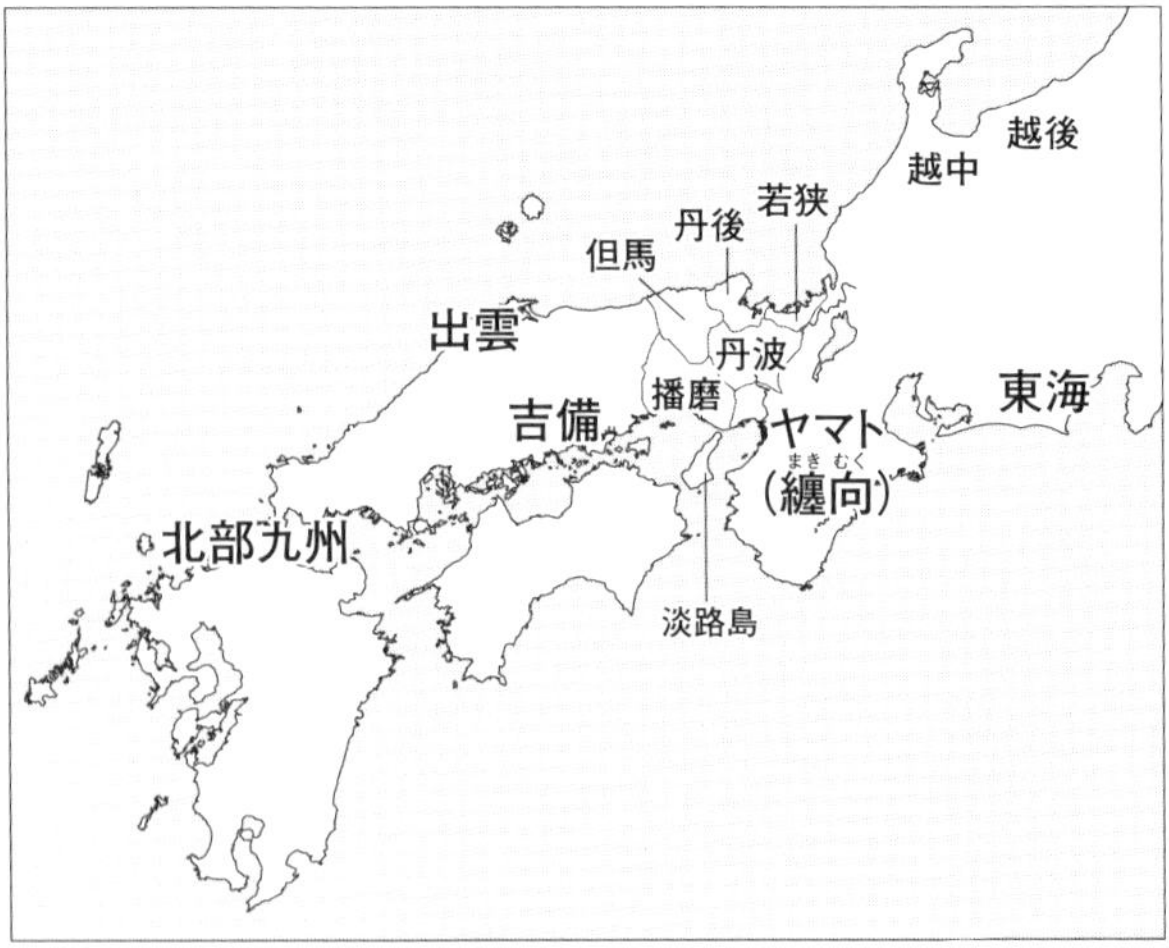

出雲と東側勢力

は丹波・播磨の境について記されている。『日本書紀』によれば、アメノヒボコは第一一代垂仁天皇の時代に来日した新羅王子で、播磨から但馬《たじま》（兵庫県豊岡市周辺）に移り、拠点を造った。弥生時代後期の出雲と東側の勢力（但馬、丹波《たには》、丹後《たんご》、若狭《わかさ》）は対立していて、その但馬を含めた東側の勢力を、便宜上タニハと呼んでおく。

揖保郡佐比岡《さひおか》条には、神尾山《かんのお》（現在地不明）に鎮座する出雲の大神の話が載る。この神は、出雲国の人間が前を通る時、一〇人の内五人を留め、五人の内三人を留めた（交通を妨害して殺した）。そこで出雲の人々は佐比《さひ》（鋤《すき》）を造ってこの岡を祀るが、なかなか鎮まらなかった。理由は、この地に比古神《ひこのかみ》（男神）が先に来て、それを追って比売神《ひめのかみ》（女神）がやってきたが、比古神はこの地に鎮まることなく去っていったので、比売神は怒り、恨んで、荒ぶるようになった。そののち、河内国茨田郡《まむた》の枚方《ひらかた》の里の漢人《あやひと》がここに移住してきて、祀るとようやく鎮まった（出雲の男女の神の移住占拠をめぐるいさかいがあった）。そこで神の鎮座する山を神尾山といい、佐比を造って祀った場所を佐比岡と名付けた。

ちなみに、相生《あいおい》市那波野《なばや》の丸山窯跡から、U字形鍬先《くわさき》・鋤先の土製模造品が二個見つかっている。実用品ではないので、祭祀具と考えられている。つまり、『播磨国風土記』の「佐比を造って」という話と通じていることになる。丸山窯跡は、六世紀の遺跡だ。

なぜ播磨国に出雲の人脈が深くかかわっていたのだろう。それは、陸路（出雲街道）でつながっていたからだろう。出雲からヤマトに向かうには、播磨経由が便利だったのだ。

『播磨国風土記』に、この他の出雲神たちが出現するのだが、問題は、揖保郡 粒丘《いいぼおか》条だ。粒丘の地名説話に、出雲神・葦原志挙乎命《あしはらのしこをのみこと》と、天日槍命《あめのひぼこのみこと》（以下アメノヒボコ）が登場する。アメノヒボコが韓国《からくに》から渡ってきて、宇頭《うず》の河口に至り、葦原志挙乎命に「あなたは国の主だ。私の宿がほしい」と、乞うた。すると葦原志挙乎命は「海ならよい」と許した。するとアメノヒボコは、剣で海をかき混ぜて、そこを宿にした。葦原志挙乎命はアメノヒボコの勢いを恐れ、先に国をおさえてしまおうと、粒丘に至り、あわてて御飯を食べた。この時、口から飯粒《いいぼ》が落ちて、粒丘と名付けた。丘の石が、ご飯粒によく似ていたからだ。

播磨で争っていた出雲神とアメノヒボコ

宍禾郡《しさわの》でも、似た記事がある。葦原志挙乎命とアメノヒボコの二柱の神は、谷を奪い合った。

そこで、奪谷《うばいたに》という。同郡伊奈加《いなか》川の条に、葦原志挙乎命とアメノヒボコが国占めの争いをした時、いななく馬がいて、この川で出会った。そこで、伊奈加川という。同郡波加《はか》の村の条には、国占めした時、アメノヒボコは先にここに至り、伊和の大神（葦原志挙乎命と同一か？）がのちにやってきた。伊和の大神は大いに怪しんで述べられた。「度《はか》らざるに先に到りしかも」そこで、波加の村と言うようになった。同郡御方《みかた》の里の条に、「御形《みかた》」と名がついたのは、葦原志挙乎命とアメノヒボコが黒土の志爾嵩《しにだけ》に至り、各々が黒葛三条《つづら》をもって、足につけて投げた（国占めをする呪術）。その時、葦原志挙乎命の黒葛の一条は但馬の気多《けた》郡（兵庫県豊岡市南部）に落ち、一条は夜夫《やぶ》の郡（兵庫県養父市）に落ち、一条はこの村に落ちた。そこで三条《みかた》という。アメノヒボコの黒葛は、みな、但馬国に落ちた。そこで但馬の伊都志《いつし》（出石《いつし》）を占めていらっしゃる。あるいは、こういう話もある。葦原志挙乎命は形見にして、御杖をこの村に立てた。そこで、御形という……。

神前《かんざき》郡の条に、「八千軍《やちくさ》」の地名説話がある。アメノヒボコの軍団は八千名いて、だから八千軍になったという。

このように、『播磨国風土記』には、播磨国なのに、なぜか出雲系の人脈と神々が大勢登場していた。しかも、出雲神のひとり葦原志挙乎命は、盛んにアメノヒボコと領土争いをしていたのだ。『日本書紀』によれば、アメノヒボコは、瀬戸内海、近江を経由して但馬国に至ったと伝わる。

アメノヒボコが来日した時、すでに崇神《すじん》天皇は亡くなっていて、第一一代垂仁《すいにん》天皇の代になっていたのだが、問題は、『日本書紀』の記事を信じれば、アメノヒボコは歴史時代の人物であって、出雲神と闘ったという設定からして、不可解なのだ。また、『播磨国風土記』は、アメノヒボコを「一柱」と数え、神の扱いをしていることだ。これはいったいどうしたことだろう。

『播磨国風土記』は朝廷のチェックを受けていない

『風土記』(『解《げ》』『解文《げぶみ》』〔各国より太政官に上申された公文書〕)は、奈良時代初期の和銅六年(七一三)五月二日、元明天皇の命令で編纂《へんさん》が始まった官撰地誌だ。『続日本紀《しょくにほんぎ》』には「畿内と七道と諸国の郡や郷の名を好字《こうじ》(縁起のよい文字)で表記しろ、産物(銀・銅・彩色・植物・鳥・獣・魚・虫など)、土地の肥沃の状態、地名の起源、古老の伝える旧聞異事を記録して言上しろ」とある。国庁ごとに記事を書いた。

現存するのは、『出雲国風土記』、『播磨国風土記』、『常陸国風土記《ひたちのくに》』、『豊後国風土記《ぶんごのくに》』『肥前国風土記』で、その他は霧散している(一部は他の文書に引用されている。これが「逸文」だが、正確に伝えられているかどうかは、はっきりとしていない)。また、『日本書紀』編纂の直前に『風土記』が集められたが、『日本書紀』に『風土記』の記事を参照した気配がない。

今残っている『風土記』の中でも、『播磨国風土記』は少し毛色が変わっている。他の『風土記』が、一度朝廷に提出され、政権側のチェックを受け、西暦七二〇年に編纂された『日本書紀』とのすりあわせが行われていたのに対し、『播磨国風土記』だけは、奇跡的に、提出前の原本が残っていたのだ。朝廷に提出した完本ではなく、播磨国の国庁に残っていた「草稿(未整備稿本)」を書写したものと考えられている。つまり、『日本書紀』神話の出雲神と垂仁天皇の時代のアメノヒボコが『播磨国風土記』の中で「時空を超えて闘っていた」のは、大きなヒントをわれわれにもたらしてくれていたのである。

『播磨国風土記』編纂者は、『日本書紀』の思惑など知らずに、播磨に残された出雲神とアメノヒボコの争いをめぐる伝承を載せたのだろう。

通説は、初代神武天皇と第一〇代崇神天皇は同一人物と考える。根拠は次のようなものだ。天皇家の歴史をなるべく古く、遠くに見せるために、今から二六〇〇年以上も前に、神武天皇は南部九州からやってきたという設定が必要で、そのかわり、実在の初代王・崇神天皇の話を切り離し、一部を神日本磐余彦尊《かむやまとのいわれひこのみこと》天皇《すめらみこと》の治世にあてがったとする。さらに、二代から九代までの天皇を創作した……。だからこの計八代の天皇の具体的な活躍は記録されず（いなかったのだから）、彼らは「欠史《けっし》八代《はちだい》」と呼ばれるようになったのだ（神武天皇がまったくの創作なら欠史九代になっていたことになる）。

そして『日本書紀』は、アメノヒボコが崇神を慕って第一一代垂仁天皇の時代に日本にやってきたと言っていて、これはヤマト建国直後ということになり、出雲神話がヤマト建国直前の話と仮定しても、時代はずれていて、両者が出会うはずがないのだ。『播磨国風土記』は、意図的に出雲神とアメノヒボコを引き合わせたのではなく、そういう伝承が本当に播磨国に残っていたということなのだろう。

考古学が示す播磨・出雲・タニハのつながり

ちなみに、弥生時代から古墳時代初期の播磨と出雲や但馬（タニハ）の関係は、考古学的にいろいろわかっている。

弥生時代中期に、櫛描き文様の土器が播磨で生まれ、これが丹波・但馬に影響を与えた。しかし後期になると、逆に山陰や丹波から、影響を受けるようになった。この時期、日本海側は鉄器を大量に保有し、優位に立っていたのだ。さらに弥生時代から古墳時代に移行する過渡期・庄内期（纏向《まきむく》遺跡が誕生したころ）になると、ヤマトで生まれた庄内式土器（あるいは庄内系土器）とその文化が流入した。ただし、播磨全域に行き渡ったわけではなく、分布は斑《まだら》だった。「市川」「揖保《いぼ》川」水系の下流部に集中し、他地域には点在していた程度だ。また、この庄内式土器の密集地帯に、同時期の古墳群（養《や》久《く》山墳墓《やまふんぼ》群など）が形成されていく。

ちなみに、庄内式土器が流入する以前、播磨を流れる河川の下流部では、それぞれが差のない大きな村を形成していた。その後、市川の西側（右岸）の平野部にまず庄内式土器が入り（長越《ながこし》遺跡）、その後市川と揖保川西岸に、庄内式土器を保有し、大きな勢力に発展した。長越遺跡は、「餝磨郡伊和《しかまのこおりいわ》の里」で「出雲の人汝命《おおなもちのみこと》の子の火明命《ほのあかりのみこと》の行動が荒々しかった」という話が記録されていた。

渡辺昇《わたなべのぼる》は『風土記の考古学2　播磨国風土記の巻』（櫃本誠一編　同成社）の中で、「火明命のことは進出時の状況を示し、国占め時点の飾磨郡の状態を火明命に仮託して間接的に記したものではないかと思われる」と推理する。

もうひとつ大切なことは、山陰系土器が庄内式土器よりも先に、播磨にもたらされていた点だ。

特に、播磨の北部では主流となり、播磨全体にまんべんなく広がっていく。

庄内式土器の時代が終わり、古墳時代に入ると（ヤマト建国）、明石川、加古川、市川、揖保川の四河川に前期古墳が造営されていく。

つまり、播磨にまず出雲系の影響があって（人びとの流れ込み）、その後、纏向遺跡が出現するとほぼ同時に、ヤマト勢力が播磨になだれ込んできた様子が見てとれる。一気に勢力図が入れ替わったのは、明石海峡の制海権が移ったからではなかったか。つまり、播磨と淡路島周辺で、熾烈な主導権争いが起きていた可能性がある。

播磨と但馬との交流に関しても、『播磨国風土記』には、記事が載っている。すでに述べた場面では、アメノヒボコの黒葛が但馬に堕ちたという話がある。さらに、餝磨郡安相《あさこ》の里条に、次の話が載る。

安相の里と呼ぶのは、次のような理由があったからだ。品太天皇《ほむだのすめらみこと》（第一五代応神《おうじん》天皇）が但馬から巡っておいでになった時、道すがら御冠《みかげ》をかぶられなかった。だから、陰山前《かげやまさき》と名付けた。そのため、国造《くにのみやつこ》（播磨国）・豊忍別命《とよおしわけのみこと》は、名（地位）をはぎ取られてしまった。その時、但馬の国造・阿胡尼命《あこねのみこと》が申し訳をしたため、罪を許された。すぐに塩代の田を奉り（償いの塩の代償として水田を献上した）、地位を保った。但馬国の朝来《あさご》（播磨国に接する山間部）の人が移り住み、塩代の田を耕した。だから安相の里と名付けた。また、本文（風土記編纂の題材になった文書）には、「阿胡尼命は、英保《あぼ》の村の女性を娶って、この村で亡くなった。ついに、墓を造って葬った。のちに遺骸は、但馬国に持っていった」と記されていたとある。

要領を得ない話だが、応神天皇が但馬から播磨に向かったと言う設定（行程）が、興味深い。そして、出雲と但馬が何度も播磨にかかわっていたことがわかる。

なぜ播磨で但馬と出雲の神が争ったのか

ここで考えておきたいのは、なぜ、出雲神と但馬国のアメノヒボコが、播磨で争ったのか、ということである。

まず、地政学的にみて、播磨国は要衝で、西日本の巨大ジャンクションだった。江戸時代に巨大な姫路城が造られたのは、軍事的にも、無視できなかったからだ。瀬戸内海の水運だけではない、陸路で日本海とも通じていたのだ。

出雲の人々が播磨に土器をもたらし、出雲神が『播磨国風土記』に盛んに登場し、野見宿禰が出雲とヤマトを往復したと記されていたのは、出雲街道が北西に向かって延びていたからだ。ならばなぜ、出雲神とアメノヒボコが、播磨で争ったのだろう。加古川を上流に向かうと、日本でもっとも低い分水嶺が存在する。標高は約九五メートルで（丹波市氷上町《たんばしひかみちょう》）。峠にもなっていない。分水嶺は田んぼの中にある）、日本海側に由良川《ゆら》が、瀬戸内海側には加古川《かこ》（高谷川《たかたに》）が流れ下る。ほぼ平坦な道のりと言ってよく、日本海（タニハ）と瀬戸内海（播磨）をつなぐ貴重な陸路だった。さらに、加古川を遡《さかのぼ》って、標高三八〇メートルの遠阪峠《とおざか》を越えれば、円山川《まるやま》を下ってタニハの西の端、豊岡市（但馬）に出られる。いずれにせよ、播磨とタニハは陸路でつながっていたのだ。そして、山陰地方の西側の出雲と東側のタニハが、Ｖの字になった陸路を通じて、播磨で接点をもっていたのだ。だからこそ、播磨は重要だったのであり、日本海勢力が瀬戸内海の制海権を奪うとしたら、播磨を落とさねばならなかった。ただ、陸路でつながっていたからではない。播磨を奪えば明石海峡を支配できるからだ。播磨を奪って淡路島を支配下に置くのである。

ここに至り、なぜ弥生時代後期の淡路島に鉄器工房が設けられていたのか、その重要性が見えてくるはずだ。この時代、播磨に影響力を示していたのは、出雲であり、実際淡路島から出土した銅鐸の中に出雲の銅鐸と同じ鋳型で造られたもの（同笵《どうはん》）が出てきている。

平成二七年（二〇一五）四月、石材加工工場の砂置き場（南あわじ市）で、偶然「国宝級」の銅鐸《どうたく》（松帆《まつほ》銅鐸と名付けられた）が七個見つかった。付着した植物を炭素14年代法で分析したところ、紀元前四〜紀元前二世紀のものとわかった。古いタイプの「聞く銅鐸」だ。銅鐸を鳴らすための棒＝舌《ぜつ》が一緒に発見された。これは珍しいことだった。さらに、銅鐸や舌を吊す「紐《ちゅう》」も確認された。これは、全国初だ。この中のふたつが、出雲の銅鐸と同范だった。

出雲とタニハが争っていたことは、すでに触れてある。出雲は越（越前、越中）と手を組みタニハを挟み撃ちにしていたし、タニハは対抗して越後と手を組んだ。この日本海の覇権争いが、瀬戸内海に飛び火していたと考えられる。だからこそ、出雲神とタニハのアメノヒボコが、播磨で闘ったという話が残ったのだろう。

要衝だからこそ封じこめられた淡路島

のちに再び触れるが、この出雲とタニハの覇権争いは、思わぬ副産物を生む。それがヤマト建国なのだが、端緒は、明石海峡争奪戦で、それは、播磨＋淡路島の土地争い（国占め）でもあったわけだから、神話の中で淡路島が最初に登場したのは、明石海峡を誰が支配するかで、瀬戸内海の制海権をめぐる争いが、オセロの目が変わるように、大逆転を起こしたということなのだろう。

また、古墳時代前期後半（四世紀末から五世紀初頭）、明石海峡を見下ろす場所に、五《ご》色塚《しきづか》古墳が造営される（兵庫県神戸市垂水《たるみ》区五色山）。全長一九四メートルの前方後円墳《ぜんぽうこうえんふん》で、後円部の直径一二五メートル、高さ一八メートル、前方部の幅八一メートル、高さ一一・五メートル、三段の墳丘と周濠《しゅうごう》を備えている。崖状の丘の上に造られているため、墳丘上からの展望がすばらしい。前方部が、まっすぐ淡路島を向いて、突き刺しているようなイメージだ。昭和四〇年（一九六五）に発掘調査を始め、十年で復元し、葺石《ふきいし》も見事に輝いている。大王墓かと思わせる規模を誇っていた。

問題は、対岸の淡路島に、巨大墳墓が造営されなかったことで、それはなぜかといえば、交通の要衝に位置していたからこそ、ヤマト政権は、「繁栄を許さなかった」のだろう。

その代わり、罪を犯した貴種《きしゅ》は、ここに流された。淳仁《じゅんにん》天皇（淡路《あわじ》廃帝《はいてい》）や早良《さわら》親王《しんのう》が有名だ。早良親王の場合、移送される段階で亡くなっているが、墓は造られた（のちに「祟るからどうにかしてくれ」と当時の住民に騒がれ、ヤマトに移された）。なぜ淡路島が流刑の地になったのかといえば、「繁栄を許されない土地」だったことと、「都を遠望できる島」だったからだろう。都は、東の生駒山の向こう側にある。都での華やかな生活が思い出せる場所に幽閉されることほど、残酷な話はない。ここは、呪われた土地だったのだ。

その、発展を許さなかった土地をにらんでいたのが、五色塚古墳だったのである。

ちなみに、神戸市と西隣の明石市の間は丘陵地帯で、西側から陸路で攻めてこられても、まさに五色塚古墳のあたりで、堰き止められるイメージだ。この一帯は、水陸ふたつの道を、塞いでいた。だからこそ、東側が畿内となり、都から観て明石海峡の先は、異界だったのである。

そして、その重要な境界線上をめぐって、おそらくヤマト建国の前後に、出雲神とアメノヒボコが闘ったわけである。

日本列島の海人は縄文系？

神話の特徴のひとつは、「海の神が大勢登場する」ことにある。

『日本書紀』神話の本文だけではなく、「一書～」には、宗像神《むなかたのかみ》、住吉神《すみよしのかみ》、海神《わたつみ》（少童命《わだつみのみこと》、綿津見神《わたつみのかみ》）らが記録されている。ニニギの子の彦火火出見尊《ひこほほでみのみこと》（山幸彦《やまさちひこ》）は、塩土老翁《しおつつのおじ》（住吉大神《すみよしのおおかみ》）に誘われ、海神の宮を訪問する。ここで、海神の娘・豊玉姫《とよたまひめ》と結ばれ、三年後に地上界に戻り、豊玉姫は子を産む。それが彦波瀲武鸕鷀草葺不合尊《ひこなぎさたけうかやふきあえずのみこと》で、彦波瀲武鸕鷀草葺不合尊は豊玉姫の妹・玉依姫《たまよりひめ》を娶り、生まれたのが神日本磐余彦尊《かむやまといわれひこのみこと》（神武《じんむ》天皇）だった。つまり、神話に海の神が登場するだけではなく、神武天皇の母親と祖母は、どちらも海神の娘だったのだ。これは、軽視できない「設定」ではないか。

戦後すぐ、江上波夫《えがみなみお》の騎馬民族日本征服説が一世を風靡《ふうび》した（『騎馬民族国家』中公新書）。東北アジアの騎馬民族が九州に押し寄せ、五世紀に東に向かい、ヤマトを征服したという。この推理が多くの支持を集め、天皇家が征服者だったという発想は、むしろ常識のようになってしまった時期もある。しかし、日本列島に本格的な道が整備されていくのは七世紀後半からで、それ以前、長距離の移動手段は船が主流だった可能性が高い。湿地帯が多い国土だからこそ、「葦原中国《あしはらのなかつくに》」と謳われたわけで、ぬかるむ土地と急峻で隘路《あいろ》が続く日本列島を、騎馬軍団が席捲できたとは思えない。日本を征服するには、船が必要だった。

日本の海人《あま》に関しても、かつては「渡来系」と考えられていた。東洋史学者の岡田英弘《おかだひでひろ》は長江《ちょうこう》（揚子江《ようすこう》）周辺の呉《ご》や越《えつ》の「越人《えつじん》」が倭人の祖だったと主張した。長江の下流域や東海岸には、越人の白水郎《あま》（海人）が活躍していて、彼らが北上し、山東半島から海を渡って朝鮮半島南部や日本列島にやってきて海岸部や低地を支配したと推理したのだ（『倭国―東アジア世界の中で』中公新書）。

しかしすでに縄文時代から、日本列島の海人は大活躍をしている。倭の海人は渡来系だけではない。むしろ縄文系なのだ。

縄文時代といえば、東日本が中心だったが、かなり早い段階で、西日本の海人が活躍を始めていた。鹿児島県霧島市国分《こくぶ》の上野原《うえのはら》遺跡は、縄文時代草創期から早期にかけての最古で最大級の集落跡だ。

ここで、常識を覆す発見があった。すでに定住が始まっていたし、縄文時代後期から晩期のものと信じられていた「壺」や「耳飾《みみかざり》（はめ込み式。土製と石製）がすでに使われていた。集石遺構三九基は石蒸し料理をする施設で、トンネル状の穴がつながっている連穴土坑《どこう》十六基は、薫製料理施設だ。二筋の道と多くの土坑が見つかっている。また貝殻で土器に文様を刻んでいる（貝殻文系円筒《えんとう》土器）。

また、上野原遺跡の周辺からも、同時代の貴重な集落跡が見つかっている。鹿児島市掃除山《そうじやま》遺跡からは日本最古の定住集落が、南さつま市拵ノ原《かこいのはら》遺跡からは世界最古の丸木舟製作工具（丸ノミ形石斧《せきふ》）が見つかっている（これが、結構重要）。

朝鮮半島最南端で活躍していた縄文の海人

こうして、南部九州は、「早咲きの縄文文化」として注目されたのだが、もうひとつ大切なことは、彼らが南方からやってきたらしいことだ。東南アジアにかつて浮かんでいた、まぼろしのスンダランドだ。マレー半島東岸からインドシナ半島にかけて存在した沖積平野で、ビュルム氷期（最終氷期）が終わり、地球規模の温暖化で海面が上がり、水没した。

多くの人々がスンダランドを脱出し、一部の人間が、直接日本列島にやってきた可能性が高い。Y染色体の「C」系統（突然変異によって分岐したグループをアルファベットで表す）は、早い段階でアフリカを飛び出し、東南アジアで暮らしていたが、日本列島には、C1系統とC3系統がやってきている。そのうちC3系統は、東アジアに広く分布していて、日本列島にもはやく到達しているが、C1系統はそのあと、日本にやってきて、しかも日本だけにしか暮らしていない。

つまり、彼らが、スンダランドから直接黒潮に乗って鹿児島にやってきた可能性が高いのである。遺伝学者崎谷満《さきたにみつる》は、この系統は貝文文化《かいもん》の担い手で、縄文時代早期に日本列島の南部にやってきたと推理する（『DNAでたどる日本人10万年の旅』昭和堂）。そのとおりだろう。

小田静夫は拵ノ原で見つかった例の丸ノミ形石斧に注目している。石を研磨して丸ノミ状にした物で、この石斧で丸木舟を造るのだが、その分布域は、鹿児島県から南方に延び、黒潮に沿っている。スンダランドから伝播したものと推理しているのだ（『遥かなる海上の道』青春出版社）。

ただし、南部九州の海人の縄文文明は途絶えてしまう。約七三〇〇年前に鬼界《きかい》カルデラの大噴火が起きていて、西日本の縄文文化そのものも、壊滅的なダメージを受けた。縄文時代最大の火山爆発だったのだ。南部九州の縄文の海人たちは、南方に逃れ、あるいは、日本列島各地に移住した。逆に言えば、この大災害によって、縄文の海人たちは各地で活躍するようになったのだ。

対馬《つしま》（長崎県対馬市）は日本列島よりも朝鮮半島に近いが、文化は日本寄りであり続けた。「魏志倭人伝《ぎしわじんでん》」には、「対馬には農地がないので、南北に市糴《してき》（交易）して生計を立てていた」と記録されている。大陸の人間からみれば、「なんでこんな孤島に住んでいるのか」という驚きと、「食えないいから海に漕ぎ出すのか」と、不思議に思っただろう。しかし、海人たちには、日本列島と朝鮮半島南部を往来するための、対馬のような「止まり木」が必要だったのである。

玄界灘《げんかいなだ》に面した日本を代表する海の神を祀る宗像《むなかた》大社（福岡県宗像市田島）のすぐ近くに小さな半島状の地形がある。それが鐘崎《かねざき》で、瀬戸内海と博多や朝鮮半島を往来する船は、必ずここを通らなければならなかった海の道の要衝だ。

鐘崎海人（宗像の海人の中心勢力）は、縄文時代から活躍した人びとだが、ここから沖合の大島、沖ノ島を経て、朝鮮半島に向かう海路が存在したのだ。もちろん、これらの島々に、宗像神が祀られている。鎌倉時代の文献に、鐘崎の海人が朝鮮半島と往き来していた記録が残るが、すでに縄文時代に、鐘崎海人は、朝鮮半島南部に押し寄せていた痕跡が見つかっている。それが、鐘崎貝塚で見つかった縄文後期の鐘崎式土器（標式になっている）で、釜山《プサン》市の東三洞《とうさんどう》貝塚にもたらされていたのだ。北部九州の海人たちは、近年に至るまで、船に乗って漁場を求め、遠方で暮らすことが多かった。宮本常一《みやもとつねいち》は、対馬の海人も鐘崎から進出したのだろうと推理している（『日本民衆史3　海に生きる人びと』未來社）。

日本は海と川の国

さらに、縄文時代の終わりごろ、海人たちは南西諸島の貝を九州島に運び、流通ルートを完成させていた。縄文海人の黄金ルートと呼ぶべきだ。

たとえば北西九州（島々を含む）の人びとは、縄文的な体質を保持していて、しかも、海人の要素が強かった。『肥前《ひぜんの》国風土記』松浦郡値嘉《ちか》の郷（五島列島）の条に、次の記事がある。すなわち、ふたつの島に土蜘蛛《つちぐも》が住んでいて、船を停泊させる場所があり、それぞれに二〇艘の小舟と一〇艘の大きな船を停泊させることができた。この島の海人（白水郎）は、馬や牛をたくさん飼っている。容姿は隼人《はやと》（南部九州の人、海人）に似ていて、騎射《きしや》を好み、言葉は俗人《くにのひと》（肥前国の人）と異なっている……。

五島列島の人は航海に長けていたのだろう。隼人と似ているというのは、縄文的な海人だからだろう。

縄文の海人たちは入れ墨をしていたが、黥面《げいめん》（顔の入れ墨）の紋様が、縄文時代から古墳時代まで受け継がれていた可能性が高い。日本列島の海人は、縄文文化を継承していたのだ。しかしなぜ、五島列島の海人は馬や牛を飼い、騎射を得意としていたのだろう。

海人たちは船に馬を乗せ、陸に上がると川を遡上するために、馬に船を曳かせた。船に馬を乗せて運ぶから、日本固有の馬は、小振りなのだ。

ところで、海人たちは、イノシシも船に乗せたようだ。『播磨国風土記』賀《か》毛《も》郡山田里《やまだのさと》の段に、次の記事がある。日向《ひむか》の人（南部九州の隼人）にまつわる話だ。

仁徳《にんとく》天皇の時代、日向（南部九州）の人が、天照大神を奉祀した船の上に猪を乗せて進上してきた（猪を飼うべき場所をさがしていたのだ）。そこで、山田の里を下賜して、猪飼野《いかいの》の地名が生まれた……。

小山修三《こやましゅうぞう》は、伊豆諸島の縄文遺跡から土器や石鏃《せきぞく》、石匙《せきひ》など生活の道具に混じって、犬や猪の幼獣の骨が見つかっている点に注目している。これらは、ポリネシアやミクロネシアの人々が島に植民する際の基本セットだったという。移住先で、蛋白源に困らないようにしたのだろう（『日本人のルーツがわかる本』［逆転の日本史］編集部編　洋泉社）。意外な場所から、「スンダランドからやってきた海人」の証拠が見つかった気がするが、それよりも何よりも、動物を船に乗せて移動するのは、日常的に行っていたと思われる。

歴史書の中にも、海人の文化と事件は、いくつも記録されている。たとえば、推古天皇の時代の遣隋使《けんずいし》によって、隋の煬帝《ようだい》が裴世清《はいせいせい》を日本にさし向けたが、難波から飛鳥の近くまで、大和川を遡り、海柘榴市《つばいち》（奈良県桜井市）から陸路で飛鳥に入っている。ヤマトは海と川の国なのだ。

吉備と播磨の敵対関係

『日本書紀』のヤマト建国説話の中で、神武天皇は船で九州から東に向かい、河内（大阪府）に辿り着いたが、神武がヤマトに入るよりも先に、物部氏の祖のニギハヤヒが住んでいたが、天上界から「天磐船」に乗って舞い降りていたとある。やはりここも船が交通手段になっている。白馬に乗った王子様は、ヤマト建国説話には、登場しない。

ニギハヤヒは天上界からやってきたと『日本書紀』はいうが、実際の出身地はおそらく、吉備であろう。

纏向遺跡の外来系土器の内、吉備系の土器の数は少ないが、「質」という点で、他を凌駕しているとされている。すなわち、前方後円墳の墳丘上に並べて祭祀に用いられる特殊器台・壺が、吉備からもたらされていたのだ。そして、三世紀の大阪府八尾《やお》市から、吉備系の土器が出土している。八尾市といえば、六世紀に物部守屋が聖徳太子らに滅ぼされた地で、物部氏の拠点であった。

三世紀の吉備の土器は、瀬戸内海を中心に、西は九州の有明海沿岸、東はヤマト盆地の範囲にもたらされている。吉備の人びとが船で訪れ、交易をしていたようだ。沿岸部の遺跡が多いのはそのためだ。一緒に山陰や畿内の土器を伴うこともあり、交流の拠点となる集落を各地に造っていたようだ。

その中でも特に多いのは、淀川沿岸部と、河内中部、大和川下流部だ。八尾市中田《なかた》遺跡・東大阪市西岩田《にしいわた》遺跡が有名で、弥生時代後期末から古墳時代前期まで搬入され、また、これらの地で造られている。甕《かめ》以外に高坏《たかつき》や鉢なども見つかっている。吉備の人間が移住していたとみられる。まさに、物部氏の根城は、吉備色に染まっていたのだ。

さらに、宇垣匡雅《うがきただまさ》は『瀬戸内海地域における交流の展開』（水野祐監修　松原弘宣編　名著出版）の中で、興味深い指摘をしている。

この時代、播磨には、吉備から持ち込まれた土器は少なかった。比較すると、東四国の讃岐・阿波のものが吉備の土器を凌駕していたという。前方後円墳の主体部の頭位《とうい》（被葬者の頭の向き）が、ヤマトと吉備では北向きであり、讃岐・阿波では東西方向で、播磨も似た傾向にあること、前方部の形状も似ていること、播磨灘をはさんで、両地域が親縁関係にあったと指摘した。しかも、弥生時代から、播磨、摂津地域は、吉備ではなく、対岸の四国と縁が深かったという。東部瀬戸内海はふたつの勢力が交錯していたというのである。つまり、ヤマトは吉備と、遠交近攻策を採ったことになる。

その播磨に強い影響力を保持していたのは先述した出雲であり、これを仮に、「播磨灘連合《はりまなだ》」

と呼んでおこう。播磨灘連合は、もちろん淡路島を手に入れ、瀬戸内海の覇権を狙っていたのだろう。ここにきて、淡路島の「出雲と同じ銅鐸」が、大きな意味をもってくる。そして、播磨灘連合の絆を切り崩しにかかったのが、但馬（タニハ）のアメノヒボコであった。

播磨灘連合VSタニハ

但馬もまた、海人の楽園だったことは、多くの遺物から明らかだ。そもそも地形からして、要塞の形になっている。海岸部が断崖で、河口は狭く、両岸が高台になったまま円山川《まるやま》を遡ると、突然豊岡の盆地が広がっている。子宮のような形なのだ。この「海からの入り口が極端に狭い（守りやすい）」場所に、但馬の中心部があった。しかもタニハから播磨へは、陸路を使うことも可能だった。

出雲は越と播磨を味方に付け、播磨灘連合を形成し、タニハを追い詰めたが、タニハは思わぬ反撃にでた。すでに触れたように、越後と手を組み、さらに、近江や東海近畿地方に、先進の文物を流した。その上で、タニハは出雲と播磨に圧力をかけた（タニハの土器が西に向かって影響力を及ぼしている）。

ここから、劇的な化学反応が起きる。力をつけた東海と近江がヤマトの盆地に乗り込んだのだ。すると、あっという間に、吉備や出雲も、新潮流に乗り遅れまいと、ヤマトに集まってきたのだ。そして、纏向に前方後円墳が誕生し、日本各地に、新たな埋葬文化が伝播していった。これが、考古学の示したヤマト建国のいきさつである。

ヤマト建国に暗躍したのは海人たちで、日本海と瀬戸内海の流通ルートをめぐる覇権争いだったことがわかる。

ただしここで、奇妙なことに気づかされる。それは、『日本書紀』の神話と神武東征の物語の中に、肝心な場所が欠如していることだ。神話の舞台は、天上界、出雲、日向（南部九州）だけで、神武東征の際にも、神武が移動した場所が記されているだけだ。これまで話してきた、播磨、タニハ、近江、東海、吉備、四国などの、「ヤマト建国前夜の争乱地帯」は、まったく神話に登場しない。あえて言うならば、国生み神話の中で淡路島が真っ先に登場しただけではないか。

史学者の多くは、「そもそも八世紀の段階で正確な史料は残っていなかった」と高を括っているから、謎とも思わないのだ。しかし、弥生時代後期にもっとも栄え、後漢《ごかん》や魏《ぎ》と交渉をもっていた北部九州も、神武天皇が日向からヤマトに向かう途中に立ち寄っただけという記述は、やはり不自然ではなかろうか。

ここに、神話をめぐる最大の謎が隠されていたのだと思う。そこで次章では、ヤマト建国に深くかかわった地域で唯一神話に登場する「出雲」について考えてみたいのである。

なぜ『日本書紀』神話は、ヤマト建国の鍵を握る地域を記録しなかったのだろう。

一方で、なぜ出雲だけは詳しく採りあげられたのだろう。

出雲の神話と考古学には、多くの謎が隠されている。その秘密を解き明かすことは可能なのだろうか。

第三章　出雲神話と纒向遺跡とタニハ

出雲神話の謎

ラフカディオ・ハーン（小泉八雲《こいずみやくも》）の有名な言葉に、次の一節がある。「出雲は神の国（中略）民族揺籃《ようらん》の地である」（『神々の国の首都』講談社学術文庫）。松江で暮らしたハーンにとって出雲は、八百万《やおよろず》の神々が息づく地であり、故郷のギリシャとの共通点を見出したのであろう。「日本人の魂は、自然と人生を楽しく愛するという点で、誰の目にも明らかなほど古代ギリシャ人の精神に似かよっている」と言う。ハーンは出雲の神々とギリシャの神々を重ねてみたのだろう。

そう、出雲は、神々の国である。

考古学がヤマト建国の詳細を明らかにしていく中、その構成要素の中で、唯一記紀神話に登場していたのが、「出雲」だった。ところが長い間、古代の出雲に神話に見合うほどの勢力はいなかったと考えられていた。理由ははっきりしている。考古学の物証が、そろっていなかったのだ。ならばなぜ、巨大な出雲大社が祀られるのか。全国に一三〇の国造《くにのみやつこ》が存在したが、今でも系譜を残しているのは、紀伊《きい》国造と阿蘇《あそ》国造、そして出雲国造で、その中でも、高い権威を保っているのが、出雲国造家《いずもこくそうけ》（千家《せんげ》氏、北島氏）だ。なぜ、出雲国造家は現代まで残り続けたのだろう。この謎に、多くの学者が挑んだ。ヤマト政権、天皇家にとって、出雲は反対概念であり、観念上の政敵と位置づけられたとする考えが、圧倒的に多かった。簡単に言ってしまうと、王家の正当性を証明するために、悪役が必要だったということになる。そしてもちろん、出雲神話は絵空事とされていたわけだ。

そこで改めて出雲神話の謎を考えておこう。

津田左右吉の考えを踏襲する直木孝次郎は、神話は民衆の間に語られ信じられてきた内容も含まれているが、何度も手を加えられ、神話性を失い、民衆のものではなく、権力者の政治的物語に変わってしまったとまず前置きし、出雲の始祖神・スサノヲは八岐大蛇《やまたのおろち》を退治し、奇稲田姫《くしいなだひめ》を救ったが、この神話の類型は世界中にあり、それが出雲にも伝えられ民衆の間に信じられていたのだろうと指摘した。ところが、記紀神話の中でスサノヲは天照大神《あまてらすおおかみ》の弟として登場している。天皇家の祖神・天照大神の偉大さを際立たせるための演出だというのだ（『日本神話と古代国家』講談社学術文庫）。

神話の中に、天皇家とは無縁の、地方的な霊格が紛れ込んでいることもわかってきている。たとえば、国生み神話で大活躍するイザナキとイザナミも、『日本書紀』の履中《りちゅう》天皇、允恭《いんぎょう》天皇の段に登場する。

履中五年秋九月、天皇が淡路島で狩りをした。この日、河内《かわち》の飼部《うまかいべ》らが馬の轡《くつわ》をとってお伴をした。飼部の目のイレズミが完治しておらず、島におられるイザナキが、祝《はふり》に「血の匂いが耐えられない」と神託を下したとある。また、允恭一四年秋九月、天皇は淡路島で狩りをなさった。獲物が一匹も獲れなかったので卜占《ぼくせん》してみると、島の神が祟って、「我が心による。赤石《あかし》（明《あか》石《し》）の海底に、真珠《しんじゅ》があるから、それを供えよ」と告げた。この祟る島の神こそ、イザナキであった。

このようなローカル色豊かな神々が、『日本書紀』や『古事記』の編者たちの手で、統合され、神話に組み込まれていた例もある。

これらの例と同じように、出雲神話ももともとは出雲固有の神話だったものをヤマト政権に抜き取られ、改変されたのだろうか。

矛盾する神話

鳥越憲三郎《とりごえけんざぶろう》は、『出雲神話の成立』（創元新書）の中で、出雲神話には矛盾点がたくさんあることと、弱小国であった出雲なのに、なぜ神話の三分の一を占めたのか、その理由は、「天皇の主権を高揚するために、神話の裏方として利用されたのに過ぎなかった出雲の悲劇」と述べる。成務《せいむ》紀に、「山《やまのみなみ》陽を影面《かげとも》といい、山陰《やまのきた》を背面《そとも》という」と記されていて、「山陽道は裏方としては不都合」だから、山陰地方の出雲が、神話の裏方として選ばれたというのである。

その上で、崇神《すじん》天皇（実在の初代王）の時代に四道《しどう》将軍が各地に派遣され、御肇国天 皇《はつくにしらすすめらみこと》（はじめて国を治めた天皇）と称えられたのと並行して、出雲国平定の物語が記録されている点に注目している。神話の世界では、天上界の神が大国主神《おおくにぬしのかみ》の支配する出雲国を平定し、天孫降臨《てんそんこうりん》が実現したこと、この神話は御肇国天皇の代に投影されて出雲征討の記事を載せる必要があったと指摘している。崇神天皇と子の垂仁《すいにん》天皇の時代に天照大神がヤマトから伊勢に移されたのも、「一連の同じ心理にでたもの」と言っている。

三《み》谷栄一《たにえいいち》は、異なる視点で出雲神話を考える。

まず「神話」は、古代氏族社会が崩壊する段階で、復古的なものと進歩的なものの混沌の中から生まれたといい、各地の氏族の行っていた祭祀から生まれた文学（カタリゴト）を、政治的意図で改作潤色したものと推理した。その上で出雲は、都から見た方角に、大きな意味があったと指摘している。

大嘗祭《だいじようさい》で古詞《こし》を奏する語り部は『貞観式《じようがんしき》』によると、丹波《たにわ》国二人、丹後《たんご》国二人、但馬《たじま》国七人、因幡《いなば》国三人、出雲国四人と定められていたが、みな、都から見て戌亥《いぬい》隅《すみ》（西北）で、これは祖霊の去来し鎮まる方角で、稲作の豊穣をもたらす神々がやってくる方角だという。つまり、ヤマト政権が山陰地方を支配下に置き、祖霊の住む、豊穣をもたらしてくれる土地と信じられたのではないかというのだ（『日本神話の基盤』塙書房）。

水野《みずの》祐《ゆう》は、次のように考えた。まず、天皇家の氏族神話や日本国家を中心とした国家的統一神話とは別に、出雲には土着の独自の神話が存在していて、それは『日本書紀』や『古事記』が採りあげる時、日本神話の体系の中にうまく組み込めないために、中央の都合に合わせて潤色が加えられたという（『日本神話を見直す』学生社）。

その一方で水野祐は、前方後方墳《ぜんぽうこうほうふん》（前方後円墳《ぜんぽうこうえんふん》ではなく、前も後ろも四角）が出雲で最後まで作られつづけた墳墓だったこと、当時は、出雲が前方後方墳の発祥の地で、東に伝わっていったと考えられていたから、出雲には、ヤマト政権に対立する政治的な勢力が実際に存在していたのではないか、と疑った。また、出雲系の神社が東国に多いこと（三割四分の頻度）から、出雲の人と文化は東国に流れたと指摘している（『古代の出雲と大和』大和書房）。

ちなみに、近年前方後方墳は出雲ではなく、近江で誕生し、伊勢湾沿岸（東海）に広まっていたと考えられるようになってきた（植田文雄『「前方後方墳」出現社会の研究』学生社）。

出雲や山陰地方は本当に没落していた

出雲をめぐる二大学説は「出雲巫覡宣布説《いずもふげきせんぷ》」と「出雲方位説（戌亥隅）」にほぼ集約されていた。後者はすでに触れてある。「巫覡宣布説」は、出雲固有の信仰があって、巫覡が各地に宣布した結果、日本各地に大国主神（大己貴神）を祀る神社が建てられ、「出雲は霊界」という意識が広まっていったというものだ。

要は、考古学の発見が乏しかった時代は、出雲神話の謎と歴史は、推測するほか手はなかったのだ。手探りの状態だった。しかし、荒神谷《こうじんだに》遺跡や加茂岩倉《かもいわくら》遺跡、四隅突出型墳丘墓《よすみとっしゅつがたふんきゅうぼ》、出雲大社《おおやしろ》境内遺跡の宇豆柱《うずばしら》などの発見によって、「出雲は確かにそこにあった」と、考えられるようになってきたのである。

もちろん、「荒神谷以前」の学説を非難すべきではない。物証がなかったのだから、仕方のないことだったのだ。

荒神谷遺跡の発見は、史学界に衝撃を与え、それ以降、次々に山陰地方で多くの遺物が見つかっていき、「もうこれ以上、発見があっては困る」ともらす史学者も本当にいたのだ。それまでの古代史観が、すべて覆されてしまう恐怖を、味わっていたのである。

弥生時代後期に、出雲は巨大な勢力に成長していた。それどころが、三世紀のヤマト建国にも影響力を及ぼしている。

纏向《まきむく》遺跡に古墳が誕生してヤマトが建国されたとみなされているが、纏向に集まった外来系土器の中で、山陰・北陸の割合は一七%と、際立って多いわけではないが、出雲で発達した四隅突出型墳丘墓の斜面に施された貼石《はりいし》が、ヤマトの前方後円墳の葺石《ふきいし》になったと考えられている。祭祀様式に影響を与えた意味は、けっして小さくない。

ちなみに巨大な四隅突出型墳丘墓は、出雲の西側の西谷《にしだに》墳墓群（島根県出雲市）と東側の塩津《しおづ》墳墓群（島根県安来《やすぎ》市）に造られた。また、鳥取県鳥取市に、西桂見《にしかつらみ》墳墓群がある。

一辺四〇メートル以上の四隅突出型墳丘墓は、西谷墳墓群に三基そろっている。そのうちの西谷三号墓の墳頂部には、遺体を埋めた坑《あな》がふたつあり、周辺から大量の土器が見つかった。埋葬の儀礼に用いた供献土器で、三分の二が山陰系の土器で、残りが吉備系の特殊器台と丹後地方、北陸地方の土器だった。棺の中には、玉類や管玉《くだたま》が埋納されていた。コバルトブルーの「異形勾玉《いけいまがたま》」が、前代未聞の珍品と騒がれたものだ。強い権力を持った王が出雲に誕生していたことは間違いない。

西谷墳墓群史跡公園の四隅突出型墳丘墓（出雲市大津町）

また、出雲神話が何かしらの史実を元に構成されていた可能性も高い。ヤマト建国後に山陰地方が没落していたことが考古学的にはっきりとしてきたからだ。弥生時代後期を代表する妻《む》木《き》晩田《ばんだ》遺跡（鳥取県西伯《さいはく》郡大山町富岡・妻木《つまき》・長田《ながた》から米子市淀江《よどえ》町福岡）や、青谷《あおや》上寺地《かみじち》遺跡（鳥取県鳥取市青谷町）が衰退し、四隅突出型墳丘墓が造られなくなる。山陰地方に散在していた集落は規模を小さくしていったし、西谷墳墓群を造営していた出雲の中心集落も、没落してしまった。国譲り神話は、まったくのデタラメではなさそうなのだ。

出雲神の娘と結ばれた神武天皇

考古学は、「出雲はそこにあった」と言っている。「そこにあったが、なくなった」とも言う。ならば、出雲を歴史に再現することは可能なのだろうか。

出雲には謎が多すぎる。その例を、いくつも挙げてみよう。

初代神武《じんむ》天皇は、ヤマトで即位すると、奇妙な嫁取りをしている。畝傍《うねび》山の東南の橿原《かしはら》（奈良県橿原市）に宮を建てた神武は、正妃を立てようと考え、広く貴族の子女を求められた。するとある人が奏上し、「事代主神《ことしろぬしのかみ》が三島溝橛耳神《みしまのみぞくいみみのかみ》の娘の玉櫛媛《たまくしひめ》を娶《めと》ってお産みになった娘を姫蹈鞴五《ひめたたらい》十鈴姫命《すずひめのみこと》と申します。たいそう容姿が秀麗です」と具申した。こうして神武天皇と姫蹈鞴五十鈴姫命は結ばれたのだった。事代主神といえば、出雲の大己貴神（大国主神）の子で、出雲の国譲りを承諾した神だった。また、三島溝橛耳神の「三島」は、大阪府茨木《いばらき》市、高槻市周辺の地名であり、「三島氏」は、古代河内の有力豪族と考えられている。

また姫蹈鞴五十鈴姫命の生まれた時の話は、神話に描かれている。『日本書紀』神代 上《かみよのかみのまき》 第八段一書第六だ。

大己貴神は国造りを終えて、

「今、この国を平定し終えたが、私と一緒に天下を治めるものはいるだろうか」

とおっしゃった。すると、神《あや》しい光が海を照らし、浮かび来る者がいた。

「私がいなければ、この国をどうして平定できただろう。私がいたから、あなたは国を平《たい》らぐという偉大な功績を残すことができたのだ」

と言う。そこで大己貴神は、名を問うと、

「私はあなたの幸魂《さきみたま》・奇魂《くしみたま》（ふたつは和魂）である」

大己貴神は、「どこに住みたいか」と問うと、「私は日本国《やまとのくに》の三諸山《みもろの》（ヤマトの三輪山《みわ》）に住みたい」ということなので、宮を造り住まわれた。これが大三輪の神（大物主神）で、この神の子が甘茂君等《かものきみたち》、大三輪君等《おおみわきみたち》、また姫蹈鞴五十鈴姫命である。

また、事代主神が八尋熊鰐《やひろわに》（大きなサメ）になって三島溝橛姫《みしまのみぞくい》（玉櫛姫）のもとに通って姫蹈鞴五十鈴姫命をお産みになった……。

ここでは、姫蹈鞴五十鈴姫命が大物主神の娘になっていたり、事代主神の娘だったと異伝を残し、定まらない。ただ、ひとつわかるのは、神武天皇が「出雲神」とかかわりのある女性を正妃に選んだという設定があったということである。

出雲神の祟りに悩まされた崇神天皇

ヤマト建国黎明期の話に、いくつか、出雲の神がからんでくる。実在の初代王は第十代崇神天皇と考えられていて、神武と崇神が同一人物と通説は考える（その理由は割愛する）。その崇神天皇の時代のことだ。

崇神五年、疫病が国内で蔓延し、人口は半減してしまった。翌年、百姓《おおみたから》は土地を離れ流浪し、背く者も現れた。天皇は政務に励み、天神地祇《てんじんちぎ》に罪を謝ったが、効果はなかった。崇神七年には、亀の卜《うらな》いを行い、大物主神から神託を得た。疫病は大物主神の意思（『古事記』では、「崇り」）で、息子の大田田根子《おおたたねこ》を探し出して祀らせれば、平穏が訪れるという。神託のままに、大田田根子を茅渟県《ちぬのあがた》の陶邑《すえのむら》で見つけて、ヤマトに連れてきて物部《もののべ》氏の祖・伊香色雄《いかがしこお》に祭具を作らせ、大田田根子を神主にして大物主神を祀らせた。すると神託どおり、国中は鎮まり、五穀が稔り、豊穣がもたらされた……。

ここでも、ヤマト政権誕生の直後に、出雲神・大物主神が暴れている。これはいったいどうしたことだろう。『日本書紀』は葦原中国《あしはらのなかつくに》や出雲の神々を「邪《あ》しき神」と罵った。ところが、黎明期のヤマトの王は、出雲の祟りを恐れていたのだ。これは、不可解きわまりない。

『古事記』にも同様の話が載り、「その祟りは出雲大神の御心」だったと説明している。祟る出雲神について『古事記』も記録している。出雲の国譲りの時、大国主神（大己貴命）は、次のように述べている。

この葦原中国は、献上します。ただ、私の住処《すみか》のみは、天《あま》つ神の御子が天津日継《あまつひつ》ぎを伝えられる天の住居のように、底津石根《そこついわね》（大きな岩）の上に宮柱を太く立て、高天原《たかまがはら》に千木《ちぎ》を高くそびえて祀っていただければ、数々の道の曲がりを経た地（僻遠の地）であるこの出雲に隠れておりましょう。

これが出雲大社（杵築大社《きづきのおおやしろ》）建立のきっかけになったわけだが、大きな宮を建てなければ、おとなしくしていないという、脅しが込められている。

ヤマト黎明期に活躍する出雲神

やはり崇神天皇の時代、大物主神がかかわる説話が『日本書紀』に残されている。

ヤマトを代表する皇室の巫女・倭迹迹日百襲姫命《やまとととひももそひめのみこと》（第七代孝霊《こうれい》天皇の娘）は大物主神の妻になった。しかし神は昼は現れず夜になると訪ねてきた。倭迹迹日百襲姫命は「ご尊顔を拝したい」と懇願したので、大物主神は「明日、あなたの櫛笥《くしげ》（櫛を入れる箱）に入っているが、姿を見ても驚かないように」と告げた。倭迹迹日百襲姫命は怪しんだが、明くる日櫛笥を開けてみると、そこには小蛇《こおろち》がいた。長さと太さは衣の紐のようだった。倭迹迹日百襲姫命は驚き、叫んでしまった。大神は恥じてたちまち人の姿になり、

「私に恥をかかせた。逆に私は、お前に恥をかかせよう」

そう言って、天空を踏み轟かせて三諸山に戻っていった。倭迹迹日百襲姫命は神を仰ぎみて後悔し、尻餅をついてしまった。すると箸でホト（陰部）を突いて亡くなられたため、大市《おおいち》（桜井市北部）に葬られた。これが箸墓《はしはか》（箸中山《はしなかやま》古墳）で、昼は人が造り、夜は神が造った……。

ここでは、ヤマトを代表する巫女が出雲の大物主神と結ばれ、悲劇的な最期を遂げていたとある。

崇神天皇の子・第一一代垂仁天皇も、出雲神と深くかかわっている。

『日本書紀』垂仁二三年秋九月条に、以下の記事がある。


垂仁天皇の御子・誉津別命《ほむつわけのみこと》は、成人して八掬髯鬚《やつかひげ》（長いヒゲ）が生えても泣き止まず、言葉を発しなかった。そんなある日、鵠《くぐい》（白鳥《しらとり》）が空を飛んでいるのを観た御子《みこ》は、「あれはなんでしょう」と呟いた。そこで鵠を追うと、出雲で捕まり献上された。すると御子は言葉を喋るようになった。


『古事記』にも同様の話が載り、「その祟りは出雲大神の御心」だったと説明している。

なぜ『日本書紀』は、ヤマトの黎明期に王家が出雲神と深くかかわっていたと記録したのだろう。

しかも出雲系の神々は蔑まれてもいる。すでに触れたように、出雲建国の祖・スサノヲは、天上界を追放される時、みすぼらしい格好をさせられていた。穢《けが》れた者として、スサノヲは追い払われ、これ以来、世間では、蓑笠を着て家の中に入ることを忌みきらうようになったと話は続いていたのである。

古くは、鬼は蓑や笠を着てこの世に現れると信じられていた。つまりここで、スサノヲは賤《いや》しい者、差別される者の象徴として登場していたのだ。

スサノヲだけではない。出雲神は「邪《あ》しき神」と罵られている。そしてなぜ、出雲神は祟り、黎明期のヤマトの王は震え上がったのだろう。

出雲国造の不思議な祭り

出雲をめぐる謎は、出雲国造家も握っている。

出雲国造家の祖は天上界から遣わされた天穂日命《あまのほひのみこと》だった。天皇家の祖と兄弟の関係にある。天穂日命は国譲りの工作員として送り込まれたのに、出雲神に同化してしまったと『日本書紀』は言う。

ならばなぜ、天上界の命令を無視してしまった天穂日命の末裔《まつえい》が出雲国造に命じられたのだろう。

新任された出雲国造が一年の潔斎《けっさい》ののち都に赴き奏上する『出雲国 造 神賀詞《いずもくにのみやつこのかむよごと》』には、『日本書紀』とは異なる記事が載っている。天穂日命は出雲に同化したのではなく、出雲を支配していたというのだ。こちらの方が整合性があるが、それでもわからないのは、出雲国造家が続けてきた祭祀の数々に秘められた謎である。

たとえば、出雲国造は死なない。死んでも、生かされつづける。

杵築《きづき》（出雲市）の出雲国造が危篤になると、使者が意宇《おう》（出雲の東側。松江市）の神魂《かもす》神社に送られ、「神火相続《おひつぎ》」の準備が始まる。国造が薨《みまか》っても隠蔽し、国造本人（死体）は衣冠を整え、正しく座り、その前に食膳が供えられる。

その間、出雲国造の嫡子は裏門から飛び出し、意宇に向かう。火燧臼《ひきりうす》と火燧杵《ひきりきね》を持ち出し、熊《くま》野《の》大社《たいしゃ》（松江市八雲《やくも》町）の鑽火殿《さんかでん》で火を熾《おこ》す。これが神聖な「神火《しんか》」「別火《べっか》」で、この「火」が祖神・天穂日命の「霊《ヒ》」でもある。そしてこの火を使って造った料理（斎食《さいしょく》）を食べて、新たな国造が生まれる。これが、天穂日命の「霊」を継承する儀式で「火嗣《ひつぎ》」と呼ばれている。天皇は祖神・天照大神（太陽神）の「日」を継承するが、出雲国造は天穂日命の「火」を継承し、天穂日命そのものとなる。出雲国造は天穂日命として死なないのである。

また一方で、千家尊統《せんげたかむね》（八二代の出雲国造）は、天穂日命は大国主神に奉仕する祭儀の間、大国主神そのものになって振る舞うと説明している（千家尊統『出雲大社』学生社）。

ただし、次に挙げる身逃《みにげ》の神事では、出雲国造は大国主神ではない。ここにも大きな謎が隠されている。

出雲国造家が行う奇妙な祭事に身逃の神事と爪剝祭《つまむぎ》がある。

お盆の祭事だが、昔は陰暦七月四日の深夜から翌日にかけて行われた。出雲の国譲りの舞台となった稲佐の浜で、大国主神の御魂《みたま》を迎え、出雲の国譲りに際し大国主神を饗応《きょうおう》した故事を再現するという。ただし、ここで出雲国造の行動が謎めくのだ。身を潜めてしまうのである。

八月一四日午前一時、禰宜《ねぎ》（神職だが出雲国造ではない）は狩衣《かりぎぬ》を着て、神幸《しんこう》に出る。禰宜は大国主神を供奉《ぐぶ》している（大国主神は目には見えない）。稲佐の浜に向かい、塩掻《しおかき》島で塩を掻き、出雲大社に戻る。途中、誰かに会ってしまったら、汚れたということで、神幸は最初からやり直す。だからこの晩、一帯の家々は、固く門戸を閉ざす。

問題は、出雲国造が、留守になっていることだ。だから、身逃の神事なのだという。一族の家に泊まっているのだ。なぜ祭りの主役のひとりが逃げてしまうのか。どうにも謎めく。

ヤマト建国後の出雲の考古学

出雲の謎は、「出雲だけ神話に採りあげられた」ということだけではなく、歴史時代に入っても、そしていまだに、出雲では太古の謎が、そのまま継承されていることだ。すでに見てきたような出雲国造の神事だけではない。歴史時代の出雲の考古学も、不可解きわまりない。そこで、ヤマト建国直後、古墳時代の出雲の考古学を、追ってみよう。

まず指摘しておきたいのは、ヤマト建国直前の出雲の埋葬文化が、広範囲に伝播していたことだ。たとえば福島県喜多方市の舘《たて》ノ内《うち》一号墓は方形周溝墓《ほうけいしゅうこうぼ》だが、四隅突出型墳丘墓を真似ているように見えるという。ちなみに、会津地方は、内陸部にありながら、古くから日本海的な文化が強く影響していた地域だ。出雲の力を感じずにはいられない。

出雲にまつわる考古学と文献史料を結びつける、『古事記』の記事がある。それがヤマトタケル説話で、イズモタケルが殺される現場は斐伊《ひい》川のほとりで、『日本書紀』にも同じような話がある。それは「止屋《やむや》の淵」で、これらは、西谷墳墓群の近くだ。

すでに述べたように、出雲の東西に大きな四隅突出型墳丘墓が造営され、西部の西谷墳墓群は、代々の王の墓が造られた。西谷九号墓は、一辺が六〇メートル（突出部含む）と、巨大だった。出雲全体の盟主と考えられているが、これを最後に、大型墳墓はなくなってしまう。一辺二〇メートル前後の小さな方墳が造られるようになっていき、旧勢力は没落している。イズモタケル殺し（だまし討ち）の現場がこの一帯だったことは、無視できない。のちに触れるように、ヤマトタケルの活躍はヤマト建国の前後と思われる。

出雲東部、安来市の荒島《あらしま》丘陵の墳墓群も、大きな四隅突出型墳丘墓が密集していたが、こちらは、勢力を維持して古墳時代を迎えている。竪穴式石槨《せっかく》や三角縁神獣鏡《さんかくぶちしんじゅうきょう》を副葬する大型の前期古墳が造営されていく。それが、大成《おおなり》古墳、造山《つくりやま》一号墳だ。ただし、前方後円墳ではなく、「大きな方墳」という特徴がある。西部は没落し、東部は、なんとか生き残ったというイメージだ。この出雲の姿を、渡辺貞幸《わたなべさだゆき》は「きわめて屈辱的な立場」「大和の勢力に屈服した」と述べている（『市民の考古学5　倭国大乱と日本海』甘粕健編　同成社）。出雲の勢力は古墳時代に解体され、衰退し、ヤマト政権にすり寄ったという。また、山陰地方の政治秩序は、解体されたというのである。ヤマトタケル説話は、この出雲の盛衰と合致している。

ただし、ここから先の出雲は、複雑怪奇なのだ。

四隅突出型墳丘墓が出雲で造られなくなって、古墳時代前期になると、島根県雲南《うんなん》市三刀屋《みとや》に、松本古墳群が出現する。二基の前方後方墳が造営されたのだ。前方後方墳といえば、近江や東海地方から各地に広まっていった埋葬文化で、なぜ出雲では前方後円墳を造らなかったのかという大きな謎が隠されているのだが……。

出雲の複雑な埋葬文化

このあとも、出雲の埋葬文化は迷走する。日本各地の首長が前方後円墳を選択する中、さまざまな古墳が出現していく。

まず東側に目を向けると、中海の南岸部、安来市の荒島丘陵の墳墓群で、最大クラスの古墳時代前期の方墳が次々と造られていく。この時代、出雲の他の地域に大きな墳墓は見られない。方墳の主は、弥生時代後期から続く能義《のぎ》平野の首長層と考えられている。『出雲国風土記』には、「四柱の大神（大己貴神、熊野大神《くまののおおかみ》、佐太大神《さだのおおかみ》、野城大神《ぬきのおおかみ》）」が登場するが、その中の一柱の能義大神《のぎのおおかみ》の信仰圏と目されている。安来市には能義神社が鎮座する。

その後、四世紀末から五世紀に変化が起きる。宍道《しんじ》湖（松江市と周辺）北岸と南岸、大橋川（宍道湖と中海を結んでいる）の両岸に、大型の古墳（古墳時代中期タイプ）が継続的に造営されるようになる。宍道湖北岸は出雲四大神の中の佐太大神の領域で、大橋川の両岸は、熊野大神の祭祀圏と目され、意宇《おう》氏（出雲国造家）とのつながりが想定できる。

特徴的なのは、有力古墳が東西に偏在していた状況を脱したことで、松江市古曽志《こそし》町周辺で五世紀代に大型墳が造られるが、中心的存在の丹花庵《たんげあん》古墳（一辺四七メートルの大型方墳）は、畿内で定式化した長持形石棺《ながもちがたせっかん》を採用していた。出雲とヤマト政権のつながりが確認できる。

ここで、突発的に首長層が出現したのではなく、松江市周辺の前期末まで辿ることができる系譜が存在したと考えられている。出雲全体で、中小の首長たちが、この時期になると、それぞれがヤマト政権とつながり成長していき、反比例して、能義平野勢力が没落していく。逆の言い方をすると、古墳時代の出雲国を統轄するような巨大な首長は出現していない。

弥生時代後期には、四隅突出型墳丘墓の伝播の様子を見ればわかるように、「出雲」全体が力をもち、埋葬文化を共有し、東に向けて、その埋葬文化を伝えていったが、古墳時代中期に、そのような動きはまったくない。てんでんバラバラの発展の仕方をしている。その中でも大橋川周辺（意宇）がやや抜きん出た存在になって、連合体らしきものが生まれていた可能性はある。原《はら》島礼二《しまれいじ》はこれを「入海《いるみ》共同利用連合」と呼んでいる（『出雲神話から荒神谷へ』六興出版）。

ただし、出雲全体が連合に巻き込まれたかというと、そう簡単な話ではない。たとえば出雲西部に、前方後円墳が出現する。それが出雲第三の規模を誇る北光寺《ほっこうじ》古墳（出雲市）で、神門水海《かんどのみずうみ》（神西湖《じんざいこ》）や出雲平野を一望する高台に造られている。前期の可能性を残した中期古墳である。立地から見て孤高の存在で、出雲に多い前方後方墳ではなく、前方後円墳を採用しているところに、興味を抱かずにはいられない。

蘇我系の方墳と出雲国造家

出雲に大きな変化が起きていたのは六世紀前半で、これは、継体《けいたい》天皇が越《こし》からヤマトに乗り込んだあとの話だ。分散されていたパワーが、六世紀中葉ごろになると東西の二極に集約されていく。東側は大橋川南岸地域の山代《やましろ》・大庭《おおば》古墳群で、西側は神戸《かんど》川と斐《ひ》伊川に囲まれた今市《いまいち》・塩冶《えんや》古墳群である。東西ふたつの大首長が出現したと思われる。六世紀後半には、東の山代二子塚《やましろふたごづか》古墳（出雲最大、全長九四メートルの前方後方墳）、西の大念寺《だいねんじ》古墳（全長九一メートルの前方後円墳）が造営される。ふたつの大きな勢力がヒエラルキーを構成し、政治機構を整えていた様子が、見てとれる。大橋川南岸の熊野大神を祀る「意宇の首長」が、周囲を統合し、七世紀前半に至るまで大首長墓が造営され、地域政権が出来したようだ。

ただし、大念寺古墳を造営した首長の、前段階のつながりが、定かではない。よそから入って前方後円墳を造った可能性も高い。渡辺貞幸は、『出雲国風土記《いずものくにふどき》』神門郡日置郷《かむどのこおりひおきのさと》の条の記事に注目している。そこには、欽明《きんめい》天皇の時代、日置の伴部《ともべ》らが遣わされ、ここに留まり、マツリゴトをしたとある。時代と地域がほぼ重なっている。ただ、遣わされたものの身分が低いことから、この記事をそのまま信じることはできない。そこで渡辺貞幸は、次のように考える。

大念寺古墳の被葬者の出自・性格については今のところ謎の部分が多いのであるが、ただ、「欽明」朝に中央（?）からの強力な政治的テコ入れがあったことは『風土記』の記事から十分うかがうことができる（『風土記の考古学3　出雲風土記の巻』山本清編　同成社）。

つまり、外部からの政治的介入を想定している。

松本岩雄《まつもといわお》は、ふたつの傑出した墳墓、山代二子塚古墳と大念寺古墳が造られる地域以外では大型古墳が激減することから、古墳時代中期末ごろ、大橋川周辺の首長が力をつけ、出雲最大の山代二子塚古墳を造営した首長が出雲を統一したが、これは確立されたものではなく、西部出雲で大念寺古墳が急成長したと推理した。さらに、覇権争いのあと、弥生時代後期中葉以降、両勢力は対立したのではなく、首長権力は東西の間で交替で移動したのではないかと考えた。そしてこのあと、すぐ近くに、前方後方墳ではなく、山代方墳（四角い墳墓）が出現し、これによって首長権の移動は終わったのではないか、というのである。
ちなみに山代方墳は大阪府の春日向山古墳《かすがむこうやま》によく似ていて、これは蘇我《そが》系の用明《ようめい》天皇陵であり、出雲では古墳時代前期、中期に方墳が造られ、後期になくなり、終末期に出現していて、前者の方墳とは系譜を異にしているという。松本岩雄は、次のように述べる。

山代方墳の被葬者は蘇我氏の介入を強く受けた人物、あるいは巧みに結びつきをとりつけた人物であったと推定される。そしてこの人物こそはじめて出雲国造の官位に就いた者と推測され、それは6世紀末〜7世紀前半の出来事であったと考えられる（『古墳時代の研究10　地域の古墳　西日本』岩崎卓也　石野博信　河上邦彦　白石太一郎編著　雄山閣）。

渡辺貞幸も、古墳時代の出雲が政治的に統一されたのは、山代二子塚古墳の被葬者の次の大首長・山代方墳の被葬者が登場した時、この被葬者こそ、出雲国造にふさわしいというのである。

考古学が示すヤマト建国と出雲の悲劇

ヤマト建国直前の東西の出雲では、巨大な四隅突出型墳丘墓が造られ、埋葬文化が統一されていた。そして、この新文化は、山陰地方を東に向かい、北陸まで伝わっていったのである。ところが、ヤマト建国後の出雲の古墳の型式はてんでんバラバラで、こんなことは全国的に見ても珍しいことだった。

まず、ヤマト建国の前後から、纏向に生まれた前方後円墳は各地に伝播し、前方後円墳を頂点とする古墳の調和の取れたヒエラルキーが方々に生まれていった。地域の王（首長）は前方後円墳を造営し（あるいはヤマト政権に許可され）、配下の者たちは、円墳や方墳を造っていった。ところが出雲では、まったく様相が異なっていた。前方後円墳そのものが、しばらく造られなかった。その代わり、西部ですこし時間がたって前方後方墳が造られ、その他の出雲の地域でも、古墳が造られはじめるが、それも、いろいろな形が選ばれた。また、「巨大前方後円墳」は、造営されていない。そして、古墳時代の終盤ごろに東部で「巨大前方後方墳」が造られ、古墳時代が終わったころ、巨大な方墳が造られた。「前方後方墳」がこれだけ重視され続けた場所も他に例がないし、前方後円墳を頂点にしたヒエラルキーが生まれなかったという不思議がある。出雲の古墳時代は、出雲の東部を統一するだけのパワーが生まれなかったということになりそうだ。あるいは、交通の要衝だったから、発展してはいけない場所だったのだろうか（まるで淡路島のようだ）。少なくとも、古墳時代が終わる段階（六世紀末）になって、ようやく出雲全体を支配するようなパワーが生まれたということらしい。

この「不思議で複雑な古墳時代の出雲」の謎を解き明かすことはできるのだろうか。答えは、ヤマト建国でババを引いてしまった出雲の悲劇の中に隠されていたように思えてならない。

そこでいよいよ、考古学が示すヤマト建国と出雲のかかわりを、順番に紐解いていこう。

ヤマト建国の直前、西日本を中心に、日本列島は争乱状態にあった。中国の文書には、「桓霊《かんれい》の間《あいだ》（一四六～一八九年）、倭国大乱《わこくたいらん》」と記録されている。邪馬台国《やまたいこく》の卑弥呼《ひみこ》が共立されていた時代だ。いったい何が起きていたのだろう。

人類が戦争を始めたのは、農耕を選択したからだと言われているが、ご多分に漏れず、稲作が伝わり広まると、土地や水の利権をかけて方々で争いが始まった。弥生時代後期になると、朝鮮半島で採れる鉄の流通をめぐって、さらに激しく争っている。北部九州が朝鮮半島にもっとも近いという地の利を活かし、鉄器を大量に保有していた。さらに、山陰地方から北陸にかけての日本海沿岸部が、鉄器の保有量を増やしていった。そんな中、出雲は北部九州と手を組み、東に向かって勢力圏を伸ばしていく。逆に近畿地方南部や東側の地域は、鉄の過疎地帯となっていった。

伏兵タニハの登場

北部九州は、「東側から攻められると持ちこたえられない」という地政学上のネックを抱えていた。具体的には大分県の西のはずれ、筑後《ちくご》川の上流部、日田《ひた》盆地を東の勢力に奪われると、身動きが取れなくなるのだ。

これに対し奈良盆地は天然の要害で、西側から攻撃されても、生駒《いこま》山、葛城《かつらぎ》山を盾にして闘える。ふたつの山系の間を大和川が流れ下るが、ここが、狭くなっている。だから神武《じんむ》東征《とうせい》に際し、大和川を攻め上るのは危険と判断し、生駒山越えを目指したが、ここで惨敗してしまった。

北部九州は、東の発展を恐れた気配がある。だから、これもすでに触れたが、北部九州は出雲と手を組み、ヤマトを封じこめるために、淡路島に「結界ライン」を、設けたのだろう。目論見どおり、ヤマトや東の地域から発展の芽は摘まれていった。

ならばなぜ、ヤマトは建国されたのだろう。ここで、伏兵が現れたのだ。それが、タニハ（但《たじ》馬《ま》、丹波《たんば》、丹後《たんご》、若狭《わかさ》）である。

問題は、出雲が四隅突出型墳丘墓を東に広める中、タニハがこれを拒み、独自路線を貫いたことだ。だからだろう、出雲はタニハのさらに先の越《こし》と手を組み、タニハを挟み撃ちにしていった。

出雲と越のつながりは、『出雲国風土記』からも見出せる。北陸には「古志《こし》の郷」という地名が残されているが、出雲市にも古志町という地名が残る。神門郡《かむどのこおり》古志の郷《さとの》条に、次のようにある。イザナミの時、日淵《ひぶち》川に池を造ったが、古志の国の人たちがやってきて堤を築き、ここに住んでいたとある。また、同郡狭結《さゆう》の駅《うまや》の条には、古志の国の佐与布《さよふ》が住んでいたとある。じつは西谷《にしだに》墳墓群は出雲市古志町の近くなのだ。

ちなみに、出雲と越のつながりは、『古事記』の神話からも読み取れる。八千矛神《やちほこのかみ》（大国主神）が高志国《こし》（越）の沼河比売《ぬなかわひめ》と結婚しようと訪ねている。歌のやりとりが記録されているが、正妃・須勢理毘売命《すせりびめのみこと》の嫉妬にあい、恋は破綻してしまった……。

考古学的にも、出雲と越の同盟関係は短かったことがわかってきた。神話といえども、侮ることはできないのだ。

一方、出雲と越にはさまれたタニハは、朝鮮半島と直接交易をして鉄や先進の文物を獲得していった。その上で、近畿や近江、東海地方に文物を流し、発展を促した。さらに播磨に進出し、出雲勢力と対峙したのだ。その結果、近江と東海はあっという間に発展し、前方後方墳という埋葬文化を育て上げた。また近江には、弥生時代後期の日本列島を代表する巨大集落が出現していた。それが、三上《みかみ》山麓の伊勢《いせ》遺跡（滋賀県守山《もりやま》市と栗東《りっとう》市にまたがる）で、佐賀県の吉野《よしの》ヶ里《り》遺跡と同等の規模を誇っている。昭和五六年（一九八一）に見つかり、百次を超える発掘調査が行われ、おどろくべき遺跡だったことがわかったのだ。

弥生時代を代表する近江の伊勢遺跡

弥生時代中期の近畿の巨大環濠《かんごう》集落が解体されたあと、近江に伊勢遺跡が出現した。政治と祭祀のための都市だった。

伊勢遺跡は東西約七〇〇メートル、南北約四五〇メートル。面積約三〇ヘクタールの楕円形の巨大集落だ。遺跡の南側に一五〜三〇メートルの川が流れ、集落造営のための資材は水運を利用して運んでいた。

塀（柵）で仕切られた方形区画に、大型の掘立柱建物一棟、独立棟持柱《どくりつむなもちばしら》建物三棟が並んでいた。ここが特別な場所で、王の居館だったのではないかと考えられている。

もうひとつ、興味深い独自の配列の建物群が見つかっている。集落の中心をなす直径約二二〇メートルの円状に中心を向いて建物群が配置されていて、約一八メートルの間隔で並んだ六棟の独立棟持柱付建物（実際には二〇棟あったはず）と、屋内に棟持柱を備えた大型建物が発見された。中心部には三間×三間の楼観《ろうかん》が屹立していた。円形に配置されていたため、祭殿群と目されている。

円状に並べられた三〇の建物群は、邪馬台国と結びつけて考えられるようにもなった。「魏志《ぎし》倭人伝《わじんでん》」には、倭国が三〇の国から構成されているると記されているため、ここが邪馬台国ではないかとする推理も登場している（偶然だと思う）。

また、独立棟持柱は、伊勢神宮と共通だった。これは神明造《しんめいづくり》のルーツだった可能性も指摘されている（宮本長二郎『瑞垣』神宮司庁広報室編）。

謎を残すのは、纏向遺跡が誕生するころ、伊勢遺跡が衰退してしまったこと、野洲川流域に、近畿地方と東海地方の銅鐸《どうたく》をわざわざ集め、一緒に埋納してしまったことだ。ヤマト建国の直前、一帯の首長がここに集まっていたのではないか、とも疑われている。

それだけではない。平成一四年（二〇〇二）には、伊勢遺跡のすぐ近く、守山市の金森東《かなもりひがし》遺跡の墓から、長短二本の鉄剣が発見された。故意に曲げられ、刃を上にしてあった。このような例は、山陰、北陸、朝鮮半島で見られる習俗だった。この遺物が、日本海と近江のつながりを暗示している。

伊勢遺跡で見つかった八棟の五角形住居も、近江と日本海をつないでいる。これは弥生時代後期の日本海沿岸部（島根、鳥取、石川、富山県）に多かった様式だからだ（五角形の住居は、じつに珍しい）。

近江だけではなく、ヤマトも、日本海とつながっていた。東大寺《とうだいじ》山《やま》古墳（奈良県天理《てんり》市）から出土した「中平銘鉄刀《ちゅうへいめいてっとう》」が興味深い。「中平」は後漢《ごかん》の年号で、西暦一八四〜一八九年を指す。その直前が倭国大乱で、まさに邪馬台国の時代、中国との間に往き来があったことがわかる。

問題は古墳の立地で、近江・東海勢力が纏向出現期に、この一帯に住みついている（天理市から桜井市にかけての、いわゆるオオヤマト）。また、近江を地盤にした和爾《わに》（和邇《わに》、和珥《わに》）氏が勢力圏にしていく。彼らはヤマトの王家に女人を送り込み、力を蓄えていった。そのためこの鉄刀は、日本海から滋賀県経由でもたらされたのではないかという指摘がある（石野博信『邪馬台国と古墳』学生社）。

くどいようだが、近畿地方の巨大集落は弥生時代中期に解体されて消えてしまい、そのあとに、伊勢遺跡が出現した。そして、ヤマトに纏向遺跡が登場したころ、伊勢遺跡は一気に衰弱している。ヤマトに滅ぼされたのではなく、人々はヤマトに移動したのではなかろうか。

邪馬台国の時代の東海の王が眠る古墳

もうひとつ、被葬者が「邪馬台国の時代の東海の王」と推理されている東之宮《ひがしのみや》古墳（愛知県犬山市の白山平山《はくさんひらさん》。瓢簞《ひょうたん》塚古墳）を紹介しておこう。近江と東海がヤマト建国の端緒となったことを示していると思われる。

東之宮古墳は標高一四三メートルの山頂にある三世紀末から四世紀初頭の愛知県で最古級の「前方後方墳」で、全長は六七メートルある。昭和四八年（一九七三）に盗掘されたことをきっかけに発掘調査が始まった。竪穴式石槨《せっかく》から三角縁神獣鏡などの鏡が一一面、石製合子《ごうす》、石釧《いしくしろ》、鍬形《くわがた》石、車輪石、ヒスイ製勾玉《まがたま》、管玉《くだたま》、鉄刀《てつとう》、鉄斧《てつふ》、針筒《はりとう》、鉄鏃《てつぞく》などが出土した。山を平らに削り、盛土をして造られていたことがわかった。

赤塚次郎《あかつかじろう》は特徴的な石製品に注目している。これは、近畿地方と周辺のヤマト政権とかかわり深い地域でよく見られることだが、東之宮古墳がその東限だったこと、石質が特殊だった。濃尾平野の古代人が旧石器時代から珍重された青い土岐《とき》石を使い、高度な技術で造られた、芸術性の高い石製品だ。土岐石は土岐川（庄内川の下流域）で採れるのだから、ヤマト政権側から下賜されたのではなく、地元で造られた可能性が高い。本来木製品や貝製品だったものを石に写すという発想も、畿内にはなく、弥生時代後期の濃尾平野で見られるものだという（愛知県清須《きよす》市の朝日遺跡の調査から）。

犬山市の木曾川本流と支流域、五条《ごじょう》川水系の一帯（古代の邇《に》波《わ》）に古墳が密集しているが（前方後方墳や前方後円墳）、一帯をまとめ上げた最初の王が、東之宮古墳の被葬者であった。ここは、交通の要衝であり、木曾川が谷から流れ出て尾張平野へ出る場所だ。広大な扇状地を形成する肥沃な土地でもあった。その扇の要の位置に、東之宮古墳が造られ、山の中腹には、東之宮神社が鎮座し、地域の信仰を集めている。

赤塚次郎は古墳の被葬者を、西に前方後円墳が、東に前方後方墳が広がっていく時代に活躍した人物と考え、

狗奴国と邪馬台国が緊張状態にあった三世紀中ごろを中心に活躍した人物であり、その抗争期を経て初期倭王権誕生に至る激動期を生き抜いた王（『シリーズ「遺跡を学ぶ」130　邪馬台国時代の東海の王　東之宮古墳』新泉社）

と評するが、これも、邪馬台国論争を意識した発言だ。東海は狗奴《くな》国という邪馬台国畿内論を受け入れている。

東海地方の影響力が軽視されるひとつの理由は、邪馬台国畿内論だ。つまり、邪馬台国論争がネックになっている。

纏向遺跡の発掘調査が進むにつれ、邪馬台国畿内論が有力視されるようになった。古墳時代の始まりは箸墓《はしはか》（箸中山《はしなかやま》古墳）古墳の出現に求められるが、三世紀半ばの造営と考えられ（確定したわけではない）、このころ死んだ卑弥呼の墓ではないかと疑われているのだ。そして邪馬台国畿内論者は、「魏志倭人伝」の一節、「邪馬台国は北部九州沿岸部から南の方角」の「南は東」と読み替えたのだ。また「魏志倭人伝」に、「三世紀半ば、邪馬台国は南方の狗奴国と交戦した」「その戦いの最中、卑弥呼は亡くなった」と記録があって、邪馬台国はヤマトで南は東なのだから、この記事は、「邪馬台国＝ヤマト」が南＝東の狗奴国と闘った」と解釈され、ヤマトの東といえば東海地方と、推理がつながっていったのだ。その結果、纏向に東海の土器が大量に流れ込んでいることも軽視されてしまったのである。しかし、東海勢力とヤマトが争った痕跡は、まったくない。

のちに触れるように、邪馬台国は北部九州にあって、ヤマトではない。だから、近江・東海が狗奴国だったという説を採ることはできない。

それはともかく、東之宮古墳の棺の中に一枚、人物禽獣文鏡《じんぶつきんじゅうもんかがみ》が副葬されている。これが興味深い。倭鏡で、日本でもこの地域にしか存在しない独特な文様の珍品で、しかもわざと壊されていた。棺の外にも鏡があって、全部で一一面、壊された鏡は計二面、人物禽獣文鏡は、計四面だった。

すでに纒向には前方後円墳が誕生していたし、各地に伝播していたのに、東海の王は、あえて前方後方墳を選び、倭鏡を尊重していたことになる。東海はヤマト建国に大いに働き、一方で、人知れず、こだわりを持っていたとみなすこともできる。

東海系土器が纒向遺跡にもたらしたもの

三世紀初頭、東海と近江は、奈良盆地の南東部の山並みの麓（オオヤマト）に進出していった。これがきっかけとなり、多くの地域の人びとが、ヤマトに集まってきた。三輪山山麓の纒向遺跡に、前代未聞の政治と宗教に特化された都市が誕生した。おそらく、「奈良盆地に東の勢力が結集すれば、太刀打ちできなくなる」と、出雲や吉備は、震え上がったのだろう。

纒向遺跡は外来系の土器が多いことで知られるが、その割合は、以下のとおり。東海四九％、山陰・北陸一七％、河内一〇％、吉備七％、関東五％、近江五％、西部瀬戸内三％、播磨三％、紀伊一％。注目すべきは、東海と近江を足せば、過半数に達すること、北部九州の土器がほとんど含まれていなかったことなのだ。また、吉備の土器は数が少なかったが、日用品ではなかった。墳墓の上に並べて祭祀に用いる特殊器台・壺で、他の土器とは、質で上回っていた。

さらに、纒向遺跡で前方後円墳が誕生していくが、ここでも、各地の埋葬文化が習合していった。

纒向石塚古墳（奈良県桜井市）

多くの地域が纒向に集まり、ヤマト建国の気運は高まったのだ。

この段階で、淡路島の結界も意味をなくし、もっとも富を蓄えていた北部九州勢力が孤立してしまったわけだ。

三世紀の人の流れがわかっていて、東海の人びとがヤマトだけではなく東国に散らばり、近畿地方、山陰の人びとは北部九州に流れ込んでいた。地元の土器を背負って移動していたため、詳細がわかってきたのだ。この流れは、「文物や人は西（北部九州）から東（ヤマト）に流れてきた」というかつての常識をも、覆してしまったのだ。

とは言っても、近江・東海勢力とヤマトの関係は、なかなか史学界では受け入れてもらえない。しかし、徐々に見直されてもいる。

たとえば赤塚次郎は、纒向遺跡（オオヤマト。纒向遺跡から天理市付近までの、ヤマト建国の中心地）に集まってきた東海系土器の特徴をふたつ掲げて、東海の活躍を推理している（『古代「おおやまと」を探る』伊達宗泰編　学生社）。

第一に、纏向二式後半期に、東海系土器が急増している。その他の地域の土器は、纏向三式か四式の時期に増えていて（纏向遺跡に集まった土器の編年を、四段階にわけている）、搬入のピークにズレがあることもわかっている。「近接地域からの搬入といった一般的なパターンとは異なる現象」で、特殊な現象だという。

第二に、纏向に集まった搬入土器の中でもっとも多いのが東海系土器だが、オオヤマトの土器様式に影響を与えていないと考えられてきた。しかし赤塚次郎は、この現象は表面的なことで、纏向一式段階（要は、纏向に集まってきた最初の段階）の器種は、東海系の影響下に生み出されたことに注目している。

さらに、纏向遺跡の「器台《きだい》」といえば吉備系が有名だが、実際には東海系器台が出発点になっていたという。また、椀形低脚《わんがたていきゃく》「高坏《たかつき》Ｃ２」は吉備系が中心だが、東海系の要素が加わって成立した器種だと指摘している。ただし、纏向地区の東海系土器は、東海地方から直接もたらされたわけではなく、纏向の北側の柳本《やなぎもと》遺跡群（天理市）から、強い影響を受けて造られたものらしい。

ニギハヤヒは吉備からやってきた？

ここで、吉備についても触れておかなければならない。

纏向に集まった土器の中で、吉備のものは、数が少ない。しかし一方で、ヤマト建国に吉備は重要な働きをしていたと考えられている。すでに述べたように、吉備で生まれた特殊器台・壺が纏向の前方後円墳に並べられたし、そもそも「前方後円墳」は、吉備の弥生墳丘墓から派生したのではないかと疑われている。楯築弥生《たてつきやよい》墳丘墓（岡山県倉敷市）がそれで、円墳の両側に四角い盛土をした双方中円墳《そうほうちゅうえん》である。

神武東征説話の中に、神武がヤマトに入るよりも早くニギハヤヒ（饒速日命）が天磐船に乗って舞い降りて、先住のナガスネビコ（長髄彦）の妹を娶って君臨していたこと、神武と同じ天神の子だったことが記されているが、ニギハヤヒこそ、吉備出身だったのではなかろうか。というのも、ヤマト盆地にいくつもの豪族たちが勢力圏を形成していたが、多くは出身地に近い場所を選んでいた。たとえば、近江系の豪族（春日《かすが》氏）は奈良盆地の北東部（現在の奈良市周辺）を、東海系は盆地の東側（オオヤマト）に地盤を築いている。ニギハヤヒの末裔の物部氏は、ヤマト盆地の北西側を支配していて、西側からヤマト入りした可能性が高い。物部氏の根城は大阪府八《や》尾《お》市付近だが、ここで三世紀の吉備系の土器が見つかっている。さらに、物部氏はヤマト最大の豪族に発展していくが、吉備はヤマト建国後五世紀半ばまで大いに発展し、ヤマトの王家と同等の規模の前方後円墳を造るに至っている。ヤマト建国でもっとも利益を得たのは吉備であり、だからこそ、物部氏は日本一の豪族に成長したのだろう。

ただし、ヤマト建国直前の吉備が大国だったかというと、それは疑問だ。楯築弥生墳丘墓や特殊器台・壺がクローズアップされているから、吉備を過大評価しがちだが、弥生時代後期の主役は、日本海である。朝鮮半島の鉄を日本海全体で独占的に入手し、そのおこぼれが吉備に流れ込んだというイメージで、実際吉備が栄えていたのは楯築弥生墳丘墓の造営された場所の周辺で、それ以外の地には、出雲系の土器が流れ込んでいた（あるいは影響を受けていた）という指摘がある。

池橋幹《いけはしみき》は、弥生時代中期後葉から、甕《かめ》の口縁部の形態がふたつの分布圏を形成していったと指摘している。口縁端部《こうえんたんぶ》を上方、下方へ拡張させた備前備中南部、美作《みまさか》、備中北部、因幡《いなば》、伯耆《ほうき》、出雲、備後南部。口縁端部を上方へ拡張させた形態が、備後北部、安芸《あき》、石見《いわみ》、出雲だ。後期前葉からあと、概して山陰系土器が広まっていくが、そんな中にあって、甕の口縁部の文化圏はいくつもの分布圏が形成され、地域ごとの差が見られる。弥生時代後期後葉から末葉になると、山陰系の土器が山陽側に広まっていたことを明らかにしている（吉備南部、安芸南部を除く）。前方後円墳の原型になったとされる楯築弥生墳丘墓（岡山県倉敷市）の近辺の瀬戸内海沿岸部だけが、かろうじて吉備的で、独自色を出していたというのである（『考古学研究』第三十二巻　第三号　考古学研究会）。

ならば、吉備はなぜ、ヤマト建国の中心勢力にのし上がることができたのだろう。

弥生時代後期末の吉備には、楯築墳丘墓が出現し、巨大な石を立てた。岡山平野に忽然と王の墓が出現している。岡山平野と周辺の部族を巻き込んだ連合体が生まれていた。寺沢薫《てらさわかおる》は、吉備ではその直前まで、銅鐸祭祀を継承していたが、銅鐸の文様は特殊器台・壺に引き継がれ、生まれ変わったと指摘している。銅鐸は穀霊《こくれい》や共同体守護霊の強化を目的として珍重されたが、特殊器台・壺は、強い首長ひとりの霊力強化を目論む秘儀に捧げられたのだと推理している（『日本の歴史02　王権誕生』講談社）。

北部九州が強大化し出雲と手を結んだ。これに対抗するかのように、タニハと吉備は、仲間意識を抱いた可能性が高い。

一度吉備が出雲と手を結びかけた理由は、出雲が四隅突出型墳丘墓を越まで伝え、勢い盛んだったことがひとつ。そして、北部九州がヤマトを封じこめるために淡路島まで勢力圏に組み入れようと画策し、吉備をも巻き込もうとしたからだろう。ところが、タニハが近江と東海の成長を促し、さらに播磨に進出し、日本海側では西に向かって攻勢をかけはじめ、東海地方がオオヤマトに拠点を構えたため、吉備はタニハの思惑に乗った可能性が高い。

ちなみに、タニハは二世紀に越（北陸地方）と手を組むと、西側に向けて圧力をかけていく。因幡（鳥取県東部）への集団移住（土器の移動）で、因幡の四隅突出型墳丘墓に土器が供献されてもいる。さらに、纏向遺跡出現後の三世紀前半には、西側の伯耆（鳥取県中西部）東部へ、タニハ勢力が大勢移住していた。どうやらこの段階で、タニハが山陰地方の盟主になっていたようなのだ。

ところが、ヤマト建国後、政権内部で主導権争いが勃発し、タニハや出雲は没落し、吉備が勝ち抜いたと考えられる。

ヤマト建国の鍵を握っていた日本海の主導権争い

それにしても、『日本書紀』は本当に歴史を知らなかったのだろうか。知っていたからこそ、真相を神話の中に封印してしまったのではあるまいか。何度も述べてきたように、ヤマト建国に至る神話に登場するのは、出雲と日向（南部九州）だけだ。出雲から国を譲り受けたのに（強制的だが。強奪と言うべきか）、なぜ、出雲ではなく、日向に天津彦彦火瓊瓊杵尊《あまつひこひこほのににぎのみこと》は舞い降りたのだろう。さらに、ヤマト建国を背後からプロデュースしたタニハが、まったく語られていないのも、謎めく。

その一方で、神武東征の場面で、「ヤマトにはいくつかのグループが三々五々、集まってきた」という話を載せているのはなぜだろう。これは、纏向遺跡や前方後円墳誕生の考古学と合致していたのだ。しかも、物部氏の祖のニギハヤヒは、吉備からやってきた可能性が高いし、ニギハヤヒ（吉備）はなぜか神武に王位を譲っている。ニギハヤヒが実権を握ったであろうことは、物部系の歴史書『先代旧事本紀《せんだいくじほんぎ》』の記事からも読み取れる。ヤマトの統治体制、祭祀の様式は、物部氏の祖が築き上げたと記録されている。要は、前方後円墳体制を築いたのは物部氏で、だからこそ、六世紀後半の物部守屋《もののべのもりや》の滅亡とほぼ同時に、前方後円墳の造営が終わったのだと思う。

ならば、『日本書紀』の記事と考古学を組み合わせて、どこまで真実の歴史に近づけることができるだろう。

やはり、鍵を握っているのは、弥生時代後期の日本海の主導権争いなのだと思う。

出雲がタニハを挟み撃ちにし、越と手を組んでいたが、これは『古事記』の八千矛神《やちほこのかみ》（大国主神）と沼河比売《ぬなかわひめ》の神話にも描かれている。あるいはタニハが出雲連合に組みこまれることを断固拒否し、その結果、播磨の奪い合いが起き、タニハは近江や東海の成長を促した。その結果、タニハの思惑通り、近江と東海はヤマトに入り、明石海峡の制海権を獲得することができたのだ。吉備は、明石海峡争奪戦の段階で、タニハの片棒を担いだ可能性が高いのだが、問題は、すでに触れたようにタニハが伯耆に押し寄せ、出雲をも、圧迫していったことだ。

このあたりの事情がわかってくれば、神話に隠された裏側の事情が、解けてくるのではあるまいか。

出雲の説話にタニハがからんでくる

そこで、タニハと出雲の動きを、もう少し詳しくのぞいておこう。

タニハの重要性にいち早く気づいたのは門脇禎二《かどわきていじ》で、「丹後（波）王国論」を立ち上げている。まず、『日本書紀』に残されたタニハ（門脇禎二は「大丹後」と呼ぶ）をめぐる記事は、大きく三つに分かれ、（1）崇神と垂仁紀、（2）雄略から安閑紀、（3）天武紀以降となる。その中でも（1）は、出雲とのかかわりの中で記録されている。

（1）は、出雲がいじめられる場面から物語が展開されていく。

崇神六十年秋七月条に、出雲臣の祖神・武日照命《たけひなてりのみこと》が天から将来して出雲大神宮の蔵に収まる神宝を、崇神天皇が見たいとおっしゃり、物部系の武諸隅《たけもろすみ》が遣わされた。出雲臣の遠祖・出雲《いずもの》振根《ふるね》は、筑紫《つくし》に行って留守だった。そこで弟の飯入根《いいいりね》が、神宝を命じられるままに献上した。兄は出雲に帰ってきて激怒し、止屋《やむや》の淵《ふち》（出雲市）に弟を誘い出し、だまし討ちにして殺してしまった。そこで崇神天皇は、吉備津彦《きびつひこ》と武渟河別《たけぬなかわわけ》をさし向け、出雲振根を討った。
出雲臣たちは恐れ入り、大神を祀ることをやめてしまった。すると丹波（タニハ）の氷上《ひかみ》の人・氷香戸辺《ひかとべ》なる者が、「私の子が奇妙なことを語り出した……」と報告してきた。出雲の神宝にまつわる話で、子供の考えたことではなく神の言葉に違いないと大騒ぎになった。そのため、出雲臣に、再び大神を祀らせた。

垂仁八七年春二月五日条には、次の話が載る。
石上神宮に納められていた神宝を物部十千根大連《もののべのとおちねのおおむらじ》に授けたこと、これに関連する話が続く。

昔、丹波国の桑田村（京都府亀岡市東部）に甕襲《みかそ》という人がいた。飼っている犬が山の獣を食いちぎるとお腹から八尺瓊勾玉《やさかにのまがたま》が出てきたので、献上した。その玉は今、石上《いそのかみ》神宮にある……。

崇神と垂仁天皇はヤマト黎明期の王だが、なぜ出雲の話があって、それにタニハがからんでくるのか。
さらに門脇禎二は、垂仁の時代の石上神宮の記事が基準となり、そのあと、丹波の記事が一元（六〇年）周期で、きれいに配列されていくことを発見している。たとえば有名な丹波の余謝《よさ》の浦島子《うらしまのこ》（浦島伝説）が、七元あとに記録されている。さらに門脇禎二は、タニハにまつわる記事は、出雲の土師《はじ》（出雲）氏と物部氏がからんでくると指摘した（『日本海域の古代史』東京大学出版会）。この視点は、大切だと思うし、誰も気づかなかった問題点だ。

神話の中で、すでに物部氏は出雲いじめをしている。国譲りの切り札になったのは経津主神《ふつぬしのかみ》と武甕槌神《たけみかづちのかみ》で、両者は物部系と尾張系と思われる。物部氏が経津主神を祀っていることはよく知られているが、例の物部氏の石上神宮の主祭神も、経津主神だ。

一方武甕槌神は、鹿島《かしま》神宮（茨城県鹿嶋市）の祭神として名高く、また、中臣《なかとみ》（藤原《ふじわら》）氏が春日神社に勧請して祀っている。このため、中臣（藤原）鎌足《かまたり》は鹿嶋出身ではないかとする説もあるが、これが大間違いであることは拙著『豊璋　中臣鎌足の正体』（河出書房新社）の中で触れてある。藤原氏は天児屋命《あめのこやねのみこと》よりも格の高い武甕槌神を奪い取ってしまったのだ。被害を受けたのは尾張氏と思われる。武甕槌神はもともと尾張氏の神である。

尾張氏の祖・天香語（具）山命と武内宿禰の関係

尾張氏の祖に天香語《あめのかご》（具《ぐ》）山命《やまのみこと》がいるが、「カゴ」「カグ」が、武甕槌神と接点をもってくる。

ちなみに、天香具山と言えば、大和三山のひとつとして知られているが、神武天皇は天香具山の埴土《はにつち》を土器にして神を祀り、この呪術で神の力を得て、ヤマトを制している。その後も、謀反に際し、天香具山の埴土の争奪戦が起きることもあり、天香具山は「ヤマトの物実《ものざね》（象徴、そのもの）」と考えられていた。ヤマト最高の聖地でもある。

その天香具山に鎮座する神社のひとつに天香山坐櫛真命《あめのかぐやまにますくしまちのみこと》神社（天香山神社）があって、祭神は櫛真命だ。この櫛真命の「くしま」は「鹿島」のことではないかと考えられている。すでに述べたように、鹿島神宮の祭神は武甕槌神だが、神話の中で武甕槌神は「カグ」とつながってている。

イザナミは火の神カグツチ（迦具士《かぐつち》、軻遇突智《かぐつち》）を産んだ時、焼け死んだ。すると夫のイザナキが十握剣《とつかのつるぎ》でカグツチの頸を切り、その血から生まれたのが武甕槌神だった。つまり、武甕槌神はカグツチ〔香具山〕の申し子だったのだ。鹿島神宮の社伝には、武甕槌神が天香具山付近で生まれたとある。尾張氏の祖が天香語（具）山命だったのだから、ここで尾張氏と武甕槌神がつながってくる。

神武東征の時、一行は紀伊半島で神の毒気に当たって動けなくなるが、武甕槌神から高倉下《たかくらじ》に下された師霊《ふつのみたま》が神武に授けられ、救われている。高倉下が武甕槌神と接点を持っていたことがわかるが、『古事記』は「熊野の高倉下」と呼び、『先代旧事本紀』は、高倉下は尾張氏の祖の天香語山命だと言っている。熊野と出雲の関係は、スサノヲや大己貴神のつながりでもあるが（各地に植林をしたスサノヲの子の五十猛神《いたけるのかみ》は紀伊国の大神になり、大己貴神は熊野の御碕《みさき》から常世郷《とこよのくに》に消えている）、尾張氏も強く結ばれている。

武甕槌神と尾張氏の関係にこだわったのは、歴史時代に入って出雲いじめを続けたのは物部氏と尾張氏で、これが神話の世界に反映されて、経津主神と武甕槌神が活躍していたのではないかと疑っているからだ。

たとえば、新潟県の弥彦《やひこ》神社（西蒲原郡弥彦村）の祭神・天香語山命は、物部氏の祖の宇摩志《うまし》麻治命《まじのみこと》とともにこの地にやってきて、天香語山命は留まり、宇摩志麻治命は西に向かい、石見《いわみ》に辿り着き、鎮座したと伝わる。これが物部神社（島根県大田市）で、ふたつの神社は、ちょうど出雲の四隅突出型墳丘墓の文化圏を挟み込むような場所に鎮座していることがわかる。

問題は、物部氏がヤマト建国の勝者だったこと、物部氏が中心となって出雲をいじめていたのは、歴史的事実であるとともに、物部氏が吉備とすれば、これが「瀬戸内海と日本海の主導権争い」と読み直すことが可能になってくるのだ。

そっくりなアメノヒボコとスサノヲ

ヤマト建国後に出雲だけではなく日本海勢力が没落していたことを、考古学は突きとめている。次章で触れるように、北部九州の奴国《なこく》も没落している。ならばこの時、何が起きていたのだろう。そして、出雲とタニハが関連づけられて語られていることに、何か意味があるのだろうか。やはり、『日本書紀』から無視されてしまったからこそ、タニハを深掘りしてみたくなるのだ。なぜ日本海で対立していた出雲は採りあげられ、タニハは無視されていたのだろう。

ここで注目してみたいのは、二人の人物だ。それが、アメノヒボコとスサノヲである。

第二章で触れたように、『播磨国風土記《はりまのくにふどき》』は出雲神とアメノヒボコが播磨で闘っていたと記録した。そして、『播磨国風土記』は朝廷に提出する前の原本だと言った。『日本書紀』はアメノヒボコを第一一代垂仁天皇の時代に来日した、ヤマト黎明期の人物と記録したが、『播磨国風土記』は、「神話時代の人」と位置づけた。要は、ヤマト建国直前の出雲とタニハが対立している時代に来日したのだろう。『日本書紀』が、あえてアメノヒボコを歴史時代にもっていったのは、ヤマト建国の歴史を抹殺するためと思われる。これから述べていくように、『日本書紀』は藤原氏のために書かれ、藤原氏は最大の政敵である蘇我氏の祖がタニハ出身だったことをあらゆる手段を駆使して隠匿したかったのだと思う。結論から言ってしまえば、蘇我氏の祖はアメノヒボコであり、スサノヲでもある。

拙著『アメノヒボコ、謎の真相』（河出書房新社）の中で述べたとおり、『日本書紀』はアメノヒボコを新羅《しらぎ》王子と記すが、ここがまず間違いだと思う。朝鮮半島南部の鉄を求めて日本列島から多くの人々が渡り（これは事実）、富を蓄え、もどってきたのがアメノヒボコだろう。倭の東北千里の多婆那《たばな》国の王の子が卵で生まれたので気味悪がられ捨てられ、新羅に辿り着き、王になった（脱解王《だつかいおう》）と言う『三国史記』の説話にある「多婆那国」こそ「丹波」や「タニハ」であり、脱解王の末裔がアメノヒボコではないかと推理したのだった。アメノヒボコは卵から生まれた乙女を追ってきたのだ。乙女は「親の国（日本）に帰る」と逃げ出したという。乙女だけではなく、アメノヒボコの祖国も日本列島だったのだろう。それとよく似ているのがスサノヲで、神話の別伝の中で、スサノヲははじめ新羅に舞い降り、その後来日したとある。ふたりとも、日本列島から朝鮮半島に渡り、鉄の交易で富を蓄えたのだろう。似ているのはモデルが同一集団か、二人が同一人物だからだろう。

スサノヲは天上界で乱暴を働き、追放されたが、その時蓑を着ていたこと、『日本書紀』の中で蔑まれたという話はすでにしてあるが、神なのに蔑まれたのは、なぜだろう。それは、スサノヲの末裔が蘇我氏だったからだと思われる。

スサノヲと蘇我氏は「スガ」でつながる

神話の中でスサノヲは出雲の簸《ひの》川の川上に舞い降りて八岐大蛇《やまたのおろち》退治をし、そのあと「すがすがしいから」と、須賀《すがの》宮を建てた。この「スガ」が音韻変化して「ソガ」になったことはすでに述べている。その「スガ」がスサノヲの正体を明かすヒントだった。

スサノヲは出雲の神と信じられているが、出雲で生まれたわけではない。出雲に舞い降りてきた神だ。スサノヲの須我《すが》神社は、古代出雲が栄えた場所には鎮座していない。周辺の高台にいくつも祀られている。これは、スサノヲが土着の神ではなく、外来の神と考えると矛盾がなくなるし、理にかなっている。

要は、説話そのままなのだ。簸川の川上に降りたスサノヲは、出雲を外から支配しようとしたのだろう。そして、スサノヲは大国主神を娘の婿に招き入れていたと神話にあるから、血縁関係によって、同盟を成立させたのだろう。

考古学は、出雲とタニハの対立ののち、タニハが出雲に向かって勢力圏、文化圏を伸ばしていったことを明らかにしている。

このタニハと出雲の関係は、播磨でもくり返される出雲神とアメノヒボコが闘ったという『播磨国風土記』の説話と重なって見える。アメノヒボコは、ヤマト建国直前に来日し、出雲神と明石海峡の制海権をめぐって争い、次第に出雲を圧迫していったのだろう。アメノヒボコは、スサノヲと同じ戦略を立てていたことがわかる。

スサノヲと蘇我氏は接点をもっていたが、アメノヒボコの行動範囲は、そっくりそのまま神功《じんぐう》皇后のそれだという指摘がある（三品彰英『三品彰英論文集　第四巻　増補　日鮮神話伝説の研究』平凡社）。神功皇后は第九代開化天皇の五世の孫で、アメノヒボコの六世の孫にあたる。この系譜を信じるならば、アメノヒボコとは時代が合わないが、『播磨国風土記』の中でアメノヒボコは神話の世界に飛んでいる。しかも、『古事記』は、アメノヒボコの来日説話と息長帯比売《おきながたらしひめの》命《みこと》（神功皇后）につながる系譜を、応神天皇の時代に掲げている。これは、意図的だと思う。『播磨国風土記』の言うように、アメノヒボコは出雲神と同時代人であり、出雲神話はヤマト建国の前後の話であり、『古事記』がアメノヒボコの説話をあえて応神天皇の時代にもってきたのは、アメノヒボコと神功皇后がヤマト黎明期に活躍していたことを暗示しているのだと思う。

スサノヲは神の中の神

ならば、神功皇后の正体を知りたくなるが、ここでは、もう少し、スサノヲについて考えておきたい。

日本人にとって「神」は、原則として祟る恐ろしい存在だ。万物に精霊や神は宿るという多神教世界では、神は大自然そのもので、人びとに幸をもたらすありがたい神であると同時に、災いをもたらす恐ろしい存在だった。神は人間がどう足掻いてもかなわないパワーを秘めていて、だから人びとは神を恐れ、祈り、鎮め、ご機嫌をとり、そうして穏やかな神になっていただいたのだ。祟る菅原道真《すがわらのみちざね》が、いつの間にか学問の神に変身していたのは、まさにこれだ。日本の神は、恐ろしければ恐ろしいほど、御利益をもたらす力も大きかった。そういう単純な構造になっている。

そう考えると、日本を代表する神が、いったい誰だったのかが見えてくる。天上界で大暴れして天照大神を震え上がらせたスサノヲこそ、神の中の神だったわけだ。

だから、スサノヲは疫神としても恐れられた。疫病をもたらしたのはスサノヲだったと信じられていたのだ。

『備後国風土記《びんごのくにふどき》』逸文（『釈日本紀《しゃくにほんぎ》』）に、蘇民将来《そみんしょうらい》説話が載る。

北の海にましますの武塔《むとう》の神が、二人の兄弟（将来《しょうらい》）に宿を請うたが、富を蓄えた弟は断り、貧しい兄（蘇民将来）は応じた。武塔の神は「娘の腰に茅《ち》の輪を巻け」と教え、その晩、茅の輪を付けていないものを皆殺しにした。神は「私は速須佐雄《はやすさのお》（スサノヲ）」と名乗り、「もし、後の世に疫病が流行ったならば、蘇民将来の子孫と言い、茅の輪を腰に巻けば、助かるだろう」と告げた……。

はっきりと、スサノヲが疫神だったことが述べられている。

平安時代に創祀された八坂神社（祇園《ぎおん》社。京都市東山区）では、疫神除けの神で祇園精舎の守り神でもある牛頭《ごず》天王を祀っていたが、雷神＝御霊《ごりょう》（祟り神）としてのスサノヲが習合した。スサノヲは新羅と接点があるため、新羅系の牛頭天王と結びついたと、一般的には考えられている。八坂神社の脇を流れる鴨川は穏やかに流れるが、その正体は暴れ川で、水害が起きるたびに都で疫病が蔓延した。水害も疫病も神の仕業で、祇園祭は古くは「祇園御霊会《ごりようえ》」と呼ばれ、祟り（御霊）封じが目的だったことがわかる。

日本の神は、祟る恐ろしい存在だった。その恐怖の神の中でも、断トツに恐ろしかったのがスサノヲとすれば、スサノヲこそ、神の中の神だったことになる。

もうひとつの問題は、日本人が、スサノヲは疫神と、すぐに連想したことだ。これはただの、思いつきや創作ではなく、スサノヲのモデルとなった人物が、罪なく殺されるなどして、人びとを恨み、祟ると信じられていた可能性を疑っておいた方がいい。

スサノヲは国主で皇室の祖？

スサノヲこそ、日本の国主《こくしゆ》であり、皇室の祖だったのではないかとする泉谷康夫《いずみややすお》の仮説はすでに紹介してあるが、大切なところなので、もう少し説明しておきたい。

『日本書紀』の天照大神とスサノヲの誓約《うけい》の場面で、『日本書紀』はいくつもの別伝を用意していた。誓約に用いた小道具も、スサノヲの剣と天照大神の玉、日神《ひのかみ》の剣とスサノヲの玉と天照大神の剣など、別伝ごとに組み合わせが異なる。

泉谷康夫は、この中で太陽神が天照大神ではなく「日神」と呼ばれていた記事が古い伝承とみなした。そして、日神がもっていた剣から三女神が生まれ、次にスサノヲの所持していた五百箇《いほつ》御統之瓊《みすまるのたま》から五男神が生まれたという話が古い型だったと考え、スサノヲの子の正勝吾勝々速日《まさかつあかつかちはやひ》天之忍穂耳尊《あめのおしほのみみのみこと》が天皇家の祖神だから、スサノヲが皇室の祖先と考えられた時代があったのではないかと指摘したのである。

神話の中で日神が天照大神に変化すると、天照大神はスサノヲの生んだ子を自身（天照大神）の子だと主張し、子を交換している。これは、日神が天照大神にすり替えられたあと、話のつじつまを合わせるために脚色してしまったとする。また、ヒルコ・ヒルメは太陽神・天照大神の古い呼称で、ヒルコとヒルメのペアのうち、ヒルコはスサノヲの古い呼び名だったと指摘した（『記紀神話伝承の研究』吉川弘文館）。

さらに、天照大神やスサノヲが誕生する神話の中で、日神とスサノヲが生まれる間にはさまって、蛭児《ひるこ》が登場していた。蛭児は不具で捨てられてしまうのだが、スサノヲも成長しても泣き止まなかったとあり、これらは単なる不具ではなく、特別な霊格を備えていた証拠だとする。そして、「蛭児」を捨てたあとにスサノヲが誕生するのだから、スサノヲがヒルコに取って代わったのだと推理したのだった。

スサノヲは、大きな謎を秘めている。朝鮮半島に舞い降りたあと、出雲にやってきたと神話は言う。スサノヲは、日本海沿岸部の神でもある。「海を支配しろ」と命じられてもいる。出雲土着の神ではなく、出雲にやってきた神だ。そこでタニハが西に向かって勢力圏を伸ばし、出雲を圧迫していたという考古学の指摘に照らし合わせれば、「タニハの思惑」とスサノヲは、重なってくる。

タニハが目指したのは、「出雲や北部九州から押し寄せてくる圧力をかわすこと」だった。そのために、近江や東海に文物を流し、ヤマトに拠点を造らせ、西側の勢力を震え上がらせた。タニハは播磨に進出し、明石海峡を奪取する。ヤマト建国を裏から操っていたのはタニハであり、ヤマト建国最大の功労者はタニハにほかならない。誰かしら「天才的な戦略家」が、存在したのだ。そうでなければ、権力と富に興味のない人びとが暮らしていたヤマトに、国の中心ができるわけがないし、「ヤマトに集まらなければ新潮流に乗り遅れる」と、人びとに信じ込ませるその情報戦を仕掛けることはできなかっただろう。その戦略的天才が、「タニハの王＝スサノヲ」ではなかったか。

タニハは近江や東海にヤマト入りを促し、自らは出雲に向かい、出雲の中心部を取り囲むように陣を敷き、観念した出雲に「同盟を結ぼうではないか」と、持ちかけたのではなかったか（ちなみに、これは出雲の国譲りではない。悲劇はこのあと日本海全体が没落してしまった時に起きている）。

明石海峡以東の繁栄を恐れた北部九州は、こうして出遅れたのだ。

ここで、疑念は、いくつか浮かび上がってくる。日本海の主導権争いはタニハの勝利で終わったのに、神話は出雲だけをクローズアップし、タニハを無視したのはなぜか。さらにこのあと、ヤマト建国とほぼ同時に、近畿や東海、山陰の人びとは、北部九州に押しかけていたのに、神話がまったく無視してしまったのはなぜか……。

そもそも、ヤマト建国に至る道筋が、神話や神武東征からは見えてこないのだ。考古学が相当詳しくヤマト建国の様子を描きはじめているにもかかわらず、『日本書紀』の記述とほとんど合致しないから、このまま行けば、これまで以上に、神話や『日本書紀』が無視されてしまう可能性も出てくる。これで本当に良いのだろうか。もし私見どおり、『日本書紀』編者が歴史を熟知していたからこそ、いくつもカラクリを用意して歴史を抹殺してしまったというのなら、そのカラクリの裏側をのぞいてみたくなるのである。

ここで、いったい何が起きていたのか。そして、その後に起きた日本海勢力の没落を、どう解き明かしていけばよいのか。なぜ、『日本書紀』は歴史の真相を闇に葬ったのか。考古学の力を借りて、すべてを解き明かしていこう。

第四章　天孫降臨神話と神武東征説話の真実

なぜ神話は北部九州をスルーしたのか

出雲の国譲りが成功したあと、なぜ天津彦彦火瓊瓊杵尊《あまつひこひこほのににぎのみこと》は、出雲ではなく高千穂峰《たかちほのたけ》（宮崎県と鹿児島県の県境の高千穂峰と宮崎県西臼杵《うすき》郡高千穂町の二説あり）に舞い降り、日向《ひむか》（宮崎県と鹿児島県の一部）で暮らしたのだろう。

神話がヤマト建国直前の様子を描いていたとすれば、この時代の九州でもっとも栄えていたのは、北部九州の筑後《ちくご》川流域か、玄界灘に面した沿岸部だ。なぜ、よりによって日向に向かわねばならなかったのか。せっかく出雲神を追い払ったのに、なぜ出雲の地に舞い降りなかったのだろう。『日本書紀』は、何かを隠している……。

神話を読んでもわからないのなら、考古学の力を借りねばならない。考古学の流れを、どのようにして、『日本書紀』とつなげていくことができるのだろう。

まず、三世紀に東から西に人の流れがあって、北部九州ではどのような状態になっていったのかを、確認しておこう。

弥生時代後期にもっとも栄えたのは、北部九州の沿岸地域で、その中でも奴国《なこく》と伊都国《いとこく》が、しのぎを削っていた。一世紀半ばに後漢《ごかん》と交渉をもったのは奴国で、この地の阿曇《あずみ》氏が、日本を代表する海人《あま》になっていくのだが、奴国も伊都国も、天然の良港を備え、日本列島と朝鮮半島をつなぐ航路の出発点であり、終点として、繁栄の条件はそろっていたのだった。

稲作をいち早くはじめたのも、北部九州沿岸部であって、弥生時代の日本列島をリードしたのだった。だから長い間、王家の祖は北部九州で富を蓄え、強い権力を握り、満を持して東に移動したと考えられていたのだ。特に、邪馬台国《やまたいこく》北部九州論が優勢だった時代、この図式が常識のように語られていたものだ。しかも、騎馬民族日本征服説と重なって、反論しようのない定説になっていた。

それにしてもなぜ、富を蓄えていた北部九州が、もろくも敗れ去ってしまったのだろう。

いくつも理由が隠されていると思う。まず第一に、戦略の失敗が大きい。近畿やタニハを封じこめると思い込んでしまったのだ。地政学的には不利だったが、富と力で押さえ込めると踏んでいたのだろう。おそらく、見下していたし、驕りがあったのだろう。

なぜ南部九州の人びとは天皇家に重用されたのか

こんな指摘がある。殺傷人骨の様子を観察してみると、戦闘で北部九州では鉄剣、矛《ほこ》、戈《か》を用いることが多く、弓で射かけておいて、最後は剣をかざして白兵戦にもちこむが、瀬戸内、山陰、畿内では、もっぱら弓（鏃《やじり》）が用いられていたという。弓で敵を倒し、近寄った後も大勢で射かけるのだというのだ（橋口達也『弥生時代の戦い』雄山閣）。

前者の場合、英雄的な首長が、剣をかざして攻めかかるイメージだ。強い王が、鉄剣の威力を見せつけようとしたのだろうか。

しかし、北部九州は、切れ味鋭い鉄剣の威力を過信してしまったのではなかろうか。縄文的で狩猟民族の文化を継承していた地域の人びとが弓にこだわる理由もわかる。「鉄が手に入らなかったから」というよりも、「遠くから弓で射かけていた方が安全」だし、狩猟民族としての技量を、甘く見てはいけなかったのだと思う。のちの時代になっても、日本の戦争は、弓矢が中心であり、だからこそ「もののふ」を「弓取り」と呼んでいたのだ。それに、いくら鉄剣が有効だとしても、瀬戸内海以東の人びとが東になってかかってくれば、勝ち目はなかったのだと思う。

ただし、それならなぜ、天孫降臨《てんそんこうりん》神話は南部九州の日向という設定になったのか、納得できる説明はできなかった。神武《じんむ》天皇は、南部九州ではなく、実際には北部九州にいたのに、天皇家の歴史をなるべく古く、遠くに見せかける必要があって、あえて南部九州に降臨させたと言って、お茶を濁していた。

しかし、考古学がかつての常識を次々と覆していったのだ。北部九州から東に文物が流れてヤマトが建国されたという構図も、正反対だったことがわかってみると、邪馬台国論争も含めて、ゼロから歴史を考え直す必要が出てきたのである。

そこで、少し横道にそれておきたい。九州南部で暮らしていた「隼人《はやと》（熊襲《くまそ》）」のことだ。

神武天皇は南部九州からヤマトに向かったという『日本書紀』の説話は、ほとんど無視されてきた。しかし、よくよく考えてみれば（いや、素直に考えてみれば）、南部九州の人脈が、長い間天皇家にまとわりついていたのだ。「まとわりつく」という表現は適切ではない。南部九州の人びとは、天皇に信頼され、重用されていたのだ。その理由も、はっきりと説明されることはなかった。

神話とヤマト建国をめぐる『日本書紀』の記述は矛盾だらけで、説明することが困難だった。考古学が進展したことで謎が解けたかというと、物証と証言（文書）のすり合わせは、いっこうに進まないのが実態なのだ。これでよいわけがない。そこで、その糸口を、隼人を端緒に、探っていこう。

隼人は朝廷の儀式に参加している

天孫降臨と神武東征の最大の謎は、「隼人」ではないかと、ひそかに勘ぐっている。というのも、天津彦彦火瓊瓊杵尊の子の彦火火出見尊《ひこほほでみのみこと》（山幸彦《やまさちひこ》）が天皇家の祖になっていくが、彦火火出見尊の兄の火闌降命《ほのすそりのみこと》（海幸彦《うみさちひこ》）は、隼人の祖なのだ。ヤマトタケルが熊襲退治に赴き、八世紀に隼人は反乱を起こすから、南部九州の人びとはまつろわぬ者のイメージが強いが、隼人は南部九州で天皇家の祖から別れた一族だと『日本書紀』は言うのである。

もっとも、これらの話は、一般には軽視されている。天皇家と隼人が血縁関係にあったという話は、まともに取り合ってもらえない。

その理由は、以下の記事を読めばわかる。『日本書紀』清寧《せいねい》四年八月七日条（五世紀後半か）に、「蝦夷《えみし》と隼人《はやと》が帰属した」とあり、欽明《きんめい》元年（五四〇）三月に「蝦夷と隼人が、一族を引き連れて帰属した」という。斉明《さいめい》元年（六五五）是歳《このとしの》条にも、「蝦夷と隼人が人びとを率いて帰順してきた」とある。これらの記事から、隼人は朝廷に従属するものだったことがわかる。だから天皇家の祖と隼人の祖がつながっていたという話も、無視されたままなのだ。

しかし、隼人は西のはずれの蛮族ではない。中央でも活躍している。神武天皇は日向《ひむか》の吾田邑《あたのむら》（鹿児島県南さつま市）で吾平津媛《あひらつひめ》を娶《めと》って手研耳命《たぎしみみのみこと》が生まれているが、地名の「吾田《あた》」は、隼人の祖の吾田氏の勢力圏だ。神武《じんむ》天皇は大伴《おおとも》氏や久米《くめ》氏たちとヤマトに乗り込み、橿原《かしはら》周辺にみな固まって住んでいたが、大伴氏らは天上界から皇祖神に付き従ってきたという。要は、九州からやってきたのだろう。また、大伴氏の祖の道臣命《みちのおみのみこと》は「大来目主《おおくめぬし》」と呼ばれていたこともあり、大伴氏と久米氏は強く結ばれていたと考えられているが、その久米氏の「クメ」は熊襲の「クマ（肥）」との関係が取り沙汰されている（『喜田貞吉《きたさだきち》著作集4　歴史地理研究』平凡社）。

皇祖神は、隼人や熊襲の土地に舞い降りたと神話は語るが、これが単純な作り話と思えないのは、隼人がヤマトの王家と強くつながっていたからだ。

隼人は朝廷の儀礼に重用され、吠声《はいせい》を発し、国俗歌舞《くにぶりのうたまい》を奏し、大嘗祭《だいじょうさい》では、隼人のもたらした竹製品が神聖視されている。キサキの中にも「日向」とかかわりのある者がいて、たとえば景行《けいこう》天皇は日向髪長大田根《ひむかのかみながおおたね》を娶り、日向襲津彦皇子《ひむかのそつひこのみこ》が生まれている。応神天皇も日向国の女性を娶ろうとしている。髪長媛は国内で他に比べられないほどの美貌と知り、招き寄せたが、息子の大《おお》鷦鷯尊《さざきのみこと》（のちの仁徳天皇《にんとくてんのう》）が惚れてしまったので、譲ったとある。筆者は初代神武天皇と第一五代応神天皇《おうじん》は同一人物とみなすので、応神と日向の髪長媛の関係を、無視できないのである。

五世紀後半、雄略天皇《ゆうりやく》が亡くなった時、隼人は昼夜にわたり陵《みささぎ》にたたずみ、「哀号び《おら》（叫び、号泣する）」したとある。隼人の「夜声」「吠声」は、特徴的で、霊的な力があると信じられていたのだ。そしてこの隼人は食事もとらず殉死してしまうのだが、ここにも、深い物語が隠されているように思えてならない。天皇と隼人の関係は、深く強い。

武内宿禰と隼人

京都府八幡市と京田辺市の中間あたりに、隼人の横穴墓《おうけつぼ》が密集している。この一帯（南山城《みなみやましろ》）に行けば、東西の丘陵地帯が竹林で覆われていることに驚かされる。竹の文化は隼人が南部九州からもたらしたものだ。エジソンが電球フィラメントに用いたのが、このあたりの竹だった。

竹の文化は、江南《こうなん》・揚子《ようす》江《こう》南部・華南《かなん》・インドネシア・南太平洋に広がっている。日本ではすでに縄文時代から、竹や笹を使った製品が作られた。弥生時代になると、籠《かご》、箕《み》、笊《ざる》、櫛《くし》、竹玉に用いられた。近畿地方にもたらされたのは、やや時代が下ってからだが、竹の道具には、霊力があるとみなされ、珍重された。たとえば、イザナキは泉津醜女《よもつしこめ》に追われた時、頭に挿していた神聖な櫛を投げている。スサノヲも、八岐大蛇《やまたのおろち》退治に際し、奇稲田姫《くしいなだひめ》を竹の櫛に化けさせ、そこから呪力を得ている。

また、隼人は近畿地方の水上交通の要衝で暮らしていた。山城、大和、河内、紀伊、近江に居住区があったが、どこも大河川（木津川、吉野川）に隣接していて、隼人は海人の末裔として、水運の担い手や漁師として活躍を期待されていたわけだ。

神武天皇がヤマト入りした時、吉野川で出会ったのは阿太《あだ》の養鸕部《うかいべ》の祖だったが、これも隼人とされている。

隼人は「ウチ」で蘇我《そが》氏ともつながっている。武内宿禰《たけうちのすくね》の「ウチ」だ。

隼人の集住地でもっとも有名なのは、綴喜郡大住郷《つづきこおりおおすみのさと》（京都府）とヤマトの宇智郡《うちこおり》（奈良県五條市）阿陁郷《あだの》だった。奈良盆地と南山城の西側を山塊が並び、その南北のはずれの境（下流への出口）に隼人は住んでいたわけだが、どちらも古くは「ウチ」の地名だった。そして前者は武内宿禰と、後者は甘美内宿禰《うましうちのすくね》とつながっている。ちなみに、武内宿禰と甘美内宿禰は腹違いの兄弟だ。『古事記』は甘美内宿禰について「山代の内臣《うちつおみ》の祖」と言っている。武内宿禰も「内臣」である。

応神天皇九年に、兄弟にまつわる次の記事がある。

武内宿禰は筑紫に遣わされていたが、甘美内宿禰が「兄が謀反を企んでいる」と密告して、武内宿禰は殺されかけた。この時、武内宿禰にそっくりだという壱伎直真根子《いきのあたいまねこ》なる者が、身代わりになって死に、武内宿禰は南海を通って紀水門《きのみなと》に辿り着き、都に戻って無実を訴えた。結局盟神探湯《くかたち》（古代の裁判。神判《しんぱん》）によって、証明された……。

九州で裏切られたこと、南海（紀伊半島経由）で都に戻ったという設定が、神武東征や応神東征に似ているのは、偶然ではないと思う。応神も「南海」を使っているし、神武も応神も、政敵を避けて紀伊半島に迂回している。甘美内宿禰の母は尾張《おわり》系だったところにも、大きな暗示が隠されていると思う。

ちなみに、蘇我氏は方墳にこだわり、七世紀の王家も方墳に埋葬されたが、すでに触れた五條市の方墳が、武内宿禰や隼人の土地に造られていたことも、注意を要する。無関係ではないはずだ。また、隼人の暮らしていた鹿児島県には、弥五郎どん伝説が残り、武内宿禰と伝わっているが、史学界はこの伝承を無視する。しかし、畿内における「内宿禰」と隼人の強い結びつきから逆算すると、日向と武内宿禰との間に、何かしらの結びつきがあったのではないかと思えてくる。

なぜ九州の海人がヤマトにやってきたのか

なぜ隼人に注目したかというと、神武天皇の母と祖母が海神の娘だったこと、母や祖母たちの神話が海人・隼人の故郷日向で展開されたこと、神武の母や祖母を祀っていたのが、日本を代表する海人の一族・阿曇《あずみ》氏で、しかも阿曇氏は奴国王の末裔だった可能性が高く、隼人や阿曇氏ら、九州の海人が、ヤマトの初代王と深くかかわっていたという『日本書紀』の「設定」を無視することはできないと思うからだ。

そして、考古学的には、纏向《まきむく》遺跡が出現したあと、多くの人々が北部九州に流れ込んだこと、九州から人びとはヤマトに流入していないこともわかってきた。とすれば、神武東征説話そのものが、「不自然きわまりない」ことになる。ところが一方で、橿原市には、九州の海人の人脈が息づき、隼人は天皇家に近侍《きんじ》し、大切な祭祀に重用されていたのだ。ここに、説明不可能な謎を感じずにはいられないのだ。
そこで注目しておきたいのは、奴国のことなのである。神武天皇の母と祖母が、なぜ海神の娘で、その系譜が定まった神話が日向で展開していたのか……。すべての謎は、奴国が握っていたのではあるまいか。三世紀に東の人びとは奴国周辺になだれ込んでいたことは考古学的に確かなことで、しかも、このあと奴国は没落してしまったのだ。この間、奴国で何が起きていたのかを知ることで、多くの謎が解けてくる予感がある。

すでに触れたように、奴国は後漢と交渉し、金印をもらい受けている。ただし、これが仇となったのかもしれない。西暦二二〇年に後漢が滅亡すると、後ろ盾を失った奴国は、衰退してしまう。三国志の時代に突入し、魏《ぎ》が朝鮮半島に進出すると、奴国に代わって台頭したのが、西隣の伊《い》都《と》国だ。「魏《ぎ》志《し》倭《わ》人伝《じんでん》」の奴国にまつわる記事が伊都国に比べて極端に少ないのは、伊都国がこの一帯の覇権を握ったということなのだろう。ただし、奴国の人口が「二万余戸（家）」に対し、伊都国は「千余戸」と、頭数では、奴国が伊都国を圧倒している。伊都国の優位性は、朝鮮半島から対馬《つしま》、壱岐《いき》、末盧《まつら》国（佐賀県唐津市周辺）を経て、船が奴国よりも先に伊都国に着くことだった。このアドバンテージは、次第に大きくなっていったのかもしれない（憶測だが）。

すこし時間を遡《さかのぼ》る。弥生時代中期後半から後期の奴国と伊都国は、共存共栄の道を歩んでいたようだ。対馬や壱岐には、奴国で造られた銅矛《どうほこ》が伝わり、壱岐の原《はら》ノ辻《つじ》遺跡には、伊都国の土器が見つかり、対馬や壱岐で出土する朝鮮半島の土器は、伊都国（三《み》雲《くも》遺跡）に流れ込んでいる。
伊都国は筑紫平野と比べれば、可耕地は狭かったが、交易ルートの優位性は奴国と遜色なく、

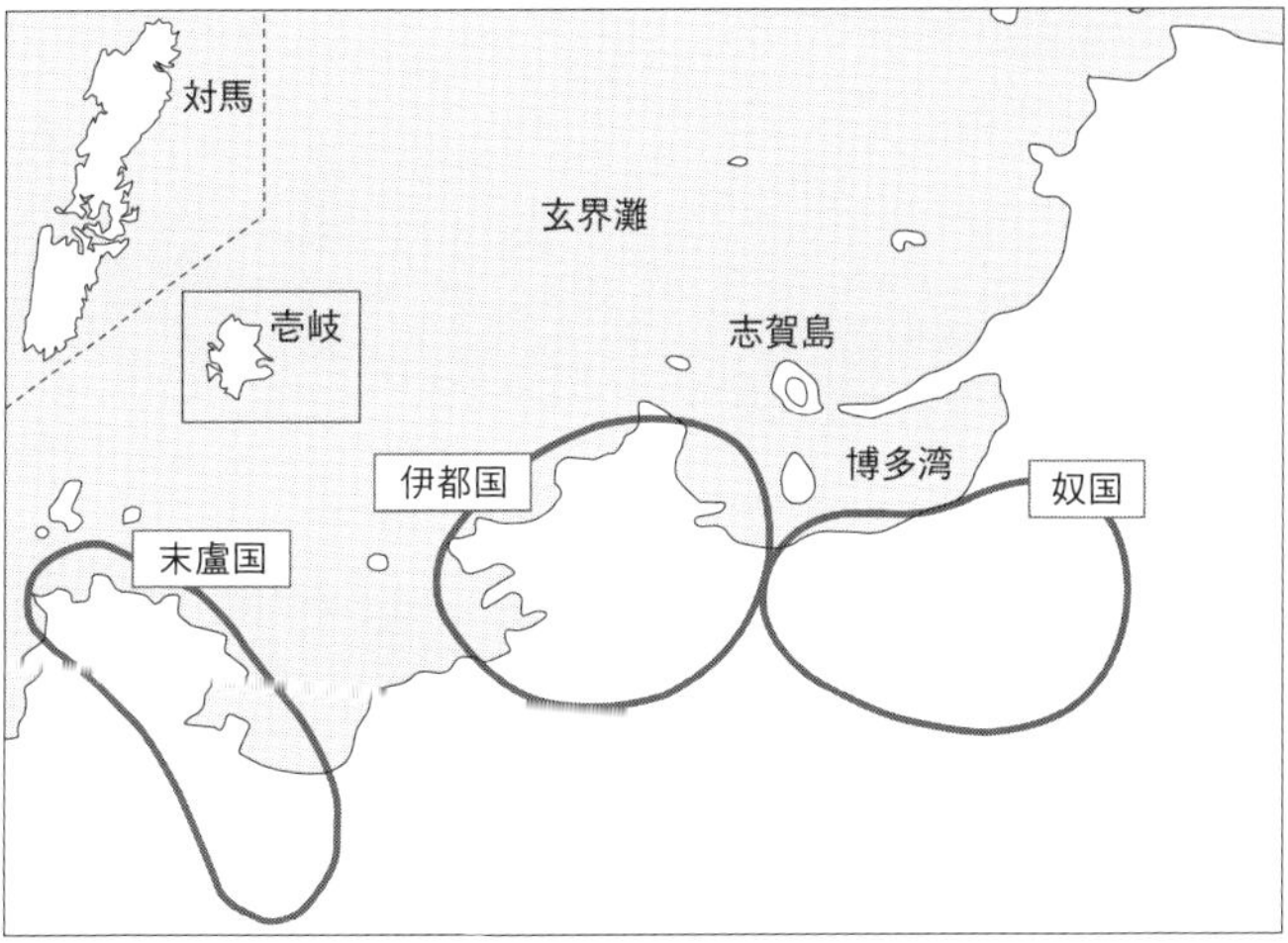

北部九州の奴国・伊都国・末盧国

あるいは有利だった。奴国は前漢《ぜんかん》の鏡を所持していたが、伊都国はさらに古い鏡を手に入れていた。三雲南小路《みくもみなみしょうじ》遺跡（糸島市）の伊都国の王墓（三二×二二メートルの方形の墳丘墓）に五二面の前漢鏡、銅矛二口、勾玉《まがたま》、管玉《くだたま》、ガラス製璧《へき》が副葬されていて、同時代もっとも豪奢だった。

一方奴国には、弥生時代中期末に、やはり豪華な副葬品をともなう王墓・須玖岡本《すぐおかもと》遺跡（春日市）が出現していた。前漢鏡約三〇面、銅矛、銅戈《どうか》、銅剣、ガラス製璧、ガラス製勾玉、ガラス製管玉が副葬されていた。方形の墳丘が存在したようだ。王墓が出現し、奴国が誕生した。

また、近くの須玖遺跡群には、最先端の工房がそろっていて、「弥生最大のテクノポリス」と呼ばれている。

弥生時代後期には、伊都国の優位性を示す遺跡が出現している。それが平原《ひらばる》遺跡（糸島市）で、平原一号墳から、中国鏡三五面と仿製《ぼうせい》鏡（国産）

五面（鏡四〇面は、日本最多）、鉄製素環頭大刀《そかんとうのたち》、勾玉、管玉などが副葬されていた。また、国産の内行花文鏡《ないこうかもんきょう》は精巧な作りで、直径四六・五センチと、世界最大の銅鏡でもある。「棺」は古墳時代前期を先取りした割竹形木棺《わりたけがたもつかん》（半分に割った丸太を刳《く》り抜いた棺）で、被葬者の頭部から見つかった玉は女性用で、女王（祭司王）が伊都国に君臨していたことがわかった。

奴国の強みは海人のネットワーク？

邪馬台国の時代の奴国の国邑《こくゆう》（拠点集落）は比恵《ひえ》・那珂《なか》遺跡（福岡市）だ。博多湾に近い那珂川の下流域で、東北側を御笠《みかさ》川が流れ、川にはさまれた丘の上に、集落遺跡が見つかっている。須玖《すぐ》遺跡から、三キロほど北側に位置する。

また、遺跡の西北から東南に向けて、二本の溝が伸びていて、これが三世紀頃の道路の側溝と考えられている。南北一・五キロの王都の道である。また、人工的に掘った運河らしきものも見つかっている。船着場（港）に近い場所に運河を造る例は、同時代の壱岐国でも見つかっている。

伊都国と奴国、どちらが主導権を握っていたのだろう。藤間生大《とうませいた》は、奴国が朝貢して金印を授かったのは運がよかったからで、後漢が内外の問題を抱え、弱り切った時に奴国が朝貢してきたからであって、奴国が伊都国よりも強大だったからではないと指摘している（『埋もれた金印―日本国家の成立』岩波新書）。ただし、話はもう少し複雑だと思う。

二世紀の初め、「倭国王」が外交デビューする。『後漢書《ごかんじょ》』倭伝《わでん》に「安帝《あんてい》の永初《えいしょ》元年（一〇七）に倭国王・帥升《すいしょう》らが生口《せいこう》（奴隷）百六十人を献じ、皇帝の謁見を願ってきた」とある。もちろん、この「倭国王」は北部九州の王なのだが、無視できないのは、複数の王が共同で使者を送っていたことなのだ。考古学の物証は、その倭国連合体の中心勢力が、伊都国と奴国だったことを示している。

ところで、一般的に帥升は伊都国王と考えられているが、異論もある。たとえば相見英咲《そうみえいさく》は『倭国の謎―知られざる古代日本国』（講談社選書メチエ）の中で、帥升は奴国の出だといい、倭国王は「奴国王（帥升）→伊都国王→邪馬台国王」と入れ替わっていたと推理した。

相見英咲は、「魏志倭人伝」に九つの「〜奴国」が記録されているが、これら「奴」のつく場所は、すべて「アヅミ氏族が開いた国」で、邪馬台国記事に現れる主要構成国三〇の中の約三分の一を占めていると指摘した。この推理の画期的なところは、奴国は伊都国に圧倒されたように見えて、実際のところはネットワークの強みをもっていたと考えた点にある。

たとえば邪馬台国と争った狗奴《くな》国も、奴国連合のひとつだというのだ。さらに、朝鮮半島最南端を『日本書紀』は「任那《みまな》」（金海加羅《きめからの》国）と呼んでいたが、これは、「ミマ＋奴」ではないかと推理していた。三世紀頃、このあたりに倭人の居住地があったという。無視できない発想である。

たしかに、日本各地に海人とかかわり深い地名が残っている。阿曇氏と関係するのは、「阿曇」「滋賀（志賀）」「熱海《あたみ》」などがあり、さらに、長野県の和田峠の「ワダ（ワタ）」は、阿曇氏の祀っていた海の神、「綿津見《わたつみの》神」の「ワタ」とかかわっていた可能性が指摘されている。「ワタ」は、朝鮮語の「海」からきているとされているのだが、海人のネットワークはたしかに存在したのだ。

対馬とつながる奴国の信仰

伊都国は着実に富を蓄え、かたや奴国は、日本列島各地にネットワークを広げ、さらに壱岐、対馬をおさえ、朝鮮半島にも拠点を構えていた可能性が高い。

たとえば「魏志倭人伝」には、それぞれの国の官名が記されているが、壱岐、対馬と奴国がよく似ている。対馬国・壱岐国は「卑狗《ひこ》、卑奴母離《ひなもり》」で、伊都国は「王、爾支《にし》、泄謨觚《せつもこ》」、奴国は「兕馬觚《しまこ》、卑奴母離」となっている。最初に出てくるのが首長（王、酋長）で、次に出てくるのが、補佐役、副官、集落の長と思われる。比較すればわかるように、対馬と壱岐と奴国で、「卑奴母離」が共通している。これは、見逃せない。

奴国の阿曇氏は志《し》賀《かの》島の志《し》賀《か》海《うみ》神社（福岡市東区）で綿津《わたつ》見《み》三神（底津《そこつ》綿津《わたつ》見《みの》神、中津《なかつ》綿津《わたつ》見《みの》神、表津《うわつ》綿津《わたつ》見神《みのかみ》）を祀る。

志賀島だけではない。対馬でも、綿津見三神が祀られている。和多都美《わたつみ》神社（長崎県対馬市豊《とよ》玉《たま》町）と海神《わたつみ》神社（同市峰町）で、旧下県郡《しもあがたこおり》と旧上県郡《かみあがたこおり》に鎮座する。

対馬の和多都美神社には伝承が残っていて、彦火火出見尊が訪れた海宮《わたつみのみや》の古跡だという。山幸彦海幸彦神話の舞台となったと言っている。海神の子は穂《ほ》高見命《たかみのみこと》と豊玉姫命《とよたまひめのみこと》、玉依姫命《たまよりひめのみこと》で、彦火火出見尊が三年間滞在し、豊玉姫命と結ばれた……。

境内の片隅に「玉《たま》ノ井《い》」があって、彦火火出見尊と豊玉姫命が出会った場所とされている。

さらに、社前の浜辺に「磯良《いそら》エビス」と呼ばれる霊石があり、原初の御神体であった。表面がウロコ状で、亀裂が入り、亀の甲羅やワニ、蛇を連想させる。

和多都美の神は白い蛇で、この神社を守ってきた長岡家の宮司の背中には、ウロコがあるという（おそらく、古くは入れ墨をしていたのだろう）。

鎌倉時代末期に成立した宗像大社の伝承『宗像大菩《むなかただいぼ》薩御《さつご》縁起《えんぎ》』に、磯良丸（磯良エビス。安曇磯良丸）の活躍が、次のようにしたためられている。

神功《じんぐう》皇后と武内宿禰が新羅《しらぎ》を征討しようとしていた時のこと、海の神・志賀島明神が磯良丸という人物に身をやつし、ときどき陸に姿を現していたのだと言う。

磯良丸は水陸自在の賢人であることから、これを迎え入れようと勅命が下されたが、磯良丸は姿を隠し、なかなか現れ出てこなかったと言う。そこで武内宿禰は一計を案じ、天の岩戸神話の故事にならい、神楽《かぐら》を行い、八人の天女が袖を翻して踊ってみせた。するとどうだろう。磯良丸は童子の姿で亀の背に乗って登場したと言う。

なぜ隠れていたのかと言うと、貝や虫が体にこびりつき、醜悪な姿なので見られたくなかったと弁明したのだった。

こうして磯良丸は水軍の舵取りに任じられ、大活躍をしたと言うのである。

亀の背に乗っていた、あるいは、醜悪な姿という伝承は、和多都美神社の磯良エビスと通じている。

海人の強い絆とネットワーク

もうひとつの対馬の上県郡（対島市）の海神神社《わたづみ》は、古くは八幡宮《はちまんぐう》（八幡本宮《ほんぐう》）だった。神功皇后が新羅征討をして、その帰途立ち寄られ、「幡八流《はたやつながれ》」を祀らしめた場所で、今は全国に散らばる八幡神社がここで創祀《そうし》されたという。その八幡宮がなぜ海神神社になったのかと言うと、対馬では海神の娘・豊玉姫と神功皇后が重ねられて祀られていることが多いためだ。ここは、後ほど重要になってくるので、覚えておいてほしい。

『万葉集』巻一六―三八六〇～三八六九の一〇首は「筑前国の志賀の白水郎《あま》（海人）の歌」で、歌の説明書きがある。神亀《じんき》年中（聖武天皇の最初の年号）に、宗像の人・宗形部津麻呂《むなかたべのつまろ》を遣わし、対馬に食料を送る船頭に命じた。ところが年老いて、もはや任務を全うできないと思った。そこで、糟屋《かすや》郡志賀村（福岡市の志賀島周辺）の海人・荒雄《あらお》に「代わってもらえないか」と頼んだ。するると荒雄は、

「ふたりは別の場所に住んでいるが、同じ船に乗っている。心は兄弟よりも強くつながっている」

と、快く引き受けた。しかし荒雄は対馬に向かう途中、嵐に遭い、亡くなってしまった。そこで荒雄の妻子は、これらの歌を作ったと言い、山上憶良《やまのうえおくら》が同情して歌を作ったとも言う……。

ここに、血縁関係もない海人同士の深い信頼関係と、ネットワークの絆の強さを読み取ることができる。さらに、対馬行きを志賀島の海人に依頼しているところがミソで、旧奴国の人びとが、自在に対馬との間を往き来していた（荒雄は運悪く嵐に遭ってしまったが）ことを、示している。

ここで強調したかったのは、奴国と対馬の航路をつなぐ、強い絆である。

『万葉集』巻七－一二三〇に、次の歌がある。

ちはやぶる　金の岬を　過ぎぬとも　我は忘れじ　志賀の皇神《すめかみ》（原文「須売神《すめかみ》」）

「金の岬」は鐘崎《かねさき》のことで、ここが航海の難所だった。枕詞《まくらことば》の「ちはやぶる」は神にかかるのだが、「ちはやぶる」とは、荒々しいという意味であり、神が祟る恐ろしい存在だったという多神教の原義的な意味を、言い当てている。そしてここでは、「神」ではなく、「金の岬という恐ろしい場所」にかかっている。志賀の皇神を忘れないというのは、海の安全を護る神に、祈りつづける、ということだ。

ちなみに、「金の岬」は福岡県宗像市玄海《げんかい》地区なのだが、ここに名神大社の織幡《おりはた》神社が祀られる。祭神は、志賀《しかの》大神、住吉大神と、日本を代表する海の神の名が並ぶが、主祭神は武内宿禰で、武内宿禰が謀反の嫌疑をかけられた時身代わりになった壱岐真根子命《いきのまねこのみこと》も祀られる。どうにも気になる。

鐘崎の沖合は難所で、ここを通過するために、地元の海人が水先案内人を買って出たのだろう（もちろん、それで儲けた）。また鐘崎の海人は、すでに縄文時代から朝鮮半島との間を往復したし、日本を代表する海人でもあった。奴国から見て東側に陣取る海人たちだったが、武内宿禰、志賀大神や住吉大神と、奴国とかかわりをもった人脈（神脈？）が祭神に並んでいることは、興味深い。古代日本の海人のネットワークを奴国が束ねていたのだろう。

ヤマトに圧倒された北部九州沿岸部

ヤマト建国後、奴国にヤマトの勢力が押し寄せてくる。

海岸部に近い比恵《ひえ》・那珂《なか》遺跡群や那賀川流域に外来系の土器が急激に増えている。この時代、北部九州に外から大量の土器が流れ込んでいて、まず、奴国に集中している。

しかも、徐々に増えていく。福岡市の比恵・那珂遺跡群から、庄内甕《かめ》が一〇〇個以上出土している。西新町《にしじんまち》遺跡（福岡市）の土器は、在来系が六三％、ヤマト系二五％、出雲系九％、吉備系一％、伽耶系二％で、外来系が三七％を占めている。

また、西新町遺跡の古墳時代初期（纏向遺跡に箸中山古墳が造営されたころ三世紀後半から四世紀）の「一号竪穴住居跡」から出土した土器のうち、畿内系が七二・五パーセント、山陰系が一五・六パーセント、在地系が六・四パーセントと、圧倒的に畿内系の土器が多い。これ以外の住居跡でも、在地系の土器は、ごくわずかだ。

西谷正《にしたにただし》はこのことから「いってみれば、交流の拠点であるということが土器からでもいえるのです」（『魏志倭人伝の考古学』学生社）と言うが、単純な「交流」ではなく、畿内が圧倒的な影響力を行使したとしか思えないのである。

また、纏向遺跡で誕生していた前方後円墳の原型となった初期の纏向式前方後円墳が、北部九州の築後川から見て北側の地域で採用されていった。ヤマトに生まれた新たな王権を、ほぼ認めた形になり、ヤマトが北部九州進出の足がかりにしたのが奴国だったことが、よくわかる。

一方西側の伊都国では、当初ヤマトから大量に人びとが入植した気配がないし、勢いも衰えていない。ところが纏向遺跡に定型化した前方後円墳・箸墓古墳（箸中山古墳）が出現したころ（庄内式土器から布留《ふる》式土器への移行期。布留0式。三世紀後半から末ぐらいか？　四世紀の可能性も。要は、これが古墳時代の始まりだ）、伊都国の三雲遺跡群が衰退し、大溝が埋められてしまった。これに代わって、沿岸部に畿内系土器をともなう集落が現れる。また、ヤマトに次ぐ前方後円墳密集地帯になっていく。どうやら、「ヤマト連合体」の一部に組みこまれたようなのだ。奴国に少し遅れて、ヤマトと強く結ばれていったのだろう。

もちろん、ヤマトから北部九州への人の流れは、『日本書紀』のどこにも記されていない。神話は北部九州を無視し、山幸彦（彦火火出見尊）と豊玉姫が結ばれた話も、日向のこととしている。ヤマト建国は神武東征で、ヤマトから九州ではなく、その逆になっている。実在の初代天皇とされる崇神天皇は、各地に将軍を派遣して、統治基盤を築いたため「ハツクニシラス天皇《すめらみこと》（はじめてこの国を治めた人）」と称えられたと記すが、将軍たちが九州まで遠征したとは記されていない。ここが、考古学の示すヤマト建国と決定的に違っている点だ。ならばやはり通説が言うように、『日本書紀』はヤマト建国をまったく知らなかったのだろうか。

考古学が示すヤマト建国前後の北部九州の様子をほぼなぞっていた神功皇后

『日本書紀』の記事を追っていくと、ヤマト黎明期の崇神天皇、垂仁天皇の時代に、九州に人が移動したという記事はない。第一二代景行天皇の段のヤマトタケル（日本武尊《やまとたけるのみこと》）の熊襲征討が、最初のヤマト政権側の九州へのアプローチだったことがわかる。しかし、一連の説話は、お伽話の域を出ていない。ヤマトタケルはクマソタケルを討ち、帰り道に出雲に立ち寄り、イズモタケルをだまし討ちにしている。ヤマトタケルがクマソタケルとイズモタケルを討ち取ったという設定は、ほぼ神話であり、これは通説も認めている。ひとりで赴き、大男なのに童女の格好をしてクマソタケルをだまし討ちにしたりと、現実味がない。ヤマトタケルの死後、父の景行天皇が九州を巡行されているが、これも南部九州が中心で、史実とは認め難い。

ただしそのあとに、考古学の示すヤマト建国時の北部九州侵攻を、ほぼなぞっているのではないかと思える記事が『日本書紀』に存在する。第一五代応神天皇の父母、第一四代仲哀天皇（ヤマトタケルの子）と神功皇后（気長足姫尊《おきながたらしひめのみこと》。息長帯比売命《おきながたらしひめのみこと》）の九州遠征・新羅征討説話である。

そこで、『日本書紀』に描かれた神功皇后の九州での活躍を、追ってみよう。

仲哀天皇と神功皇后は九州の熊襲が叛いたため、西征に向かう。仲哀天皇は南国（南海道。四国と紀伊）から、神功皇后は角鹿《つぬが》（福井県敦賀《つるが》市）から日本海を伝ってやってきて穴門豊浦宮《あなとのとゆらのみや》（山口県下関市）で落ちあった。ここで神功皇后は、豊浦津《とゆらのつ》の海中から、如意珠《にょいだま》（潮の満ち引きを自在に操る海神の宝。海幸山幸神話にも登場する）を海神から得ている。

穴門豊浦宮に六年滞在した一行は、ようやく重い腰を上げる。岡県主《おかのあがたぬし》（福岡県遠賀《おんが》郡芦屋町）の祖・熊鰐《わに》は、噂を聞きつけ、船に賢木《さかき》を立て、神宝をかけて周芳《すわ》の国（周防。山口県防《ほう》府《ふ》市）に漕ぎ寄せ服従し、水先案内を買って出た。このあと、筑紫の伊覩県主《いとのあがたぬし》（福岡県糸島市。伊都国）の祖・五十《いと》跡手《あとて》が穴門《あなと》の引嶋《ひこしま》（山口県下関市彦島）に出迎え、恭順してきた。こうして一行は、儺県《なのあがた》（福岡県福岡市。奴国）の橿日宮《かしひのみや》（香《か》椎《しい》宮）に入った。

このあと、仲哀天皇は神のいいつけを守らずに急死してしまった。そこで神功皇后は夫の死を秘匿したまま、軍勢を率いて松峡《まつおの》宮（福岡県朝倉市三輪町）に移り、そこからさらに南下し、山門県《やまとのあがた》（福岡県みやま市）の土蜘蛛《つちぐも》・田《た》油津《ぶらつ》媛《ひめ》を討ち取り、九州征討を終え、新羅に向かい、凱旋後、宇瀰《うみ》（福岡県糟屋《かすや》郡宇美《うみ》町）で応神を産んだ。そして、穴門の豊浦宮に戻り、さらにヤマトを目指した……。

この神功皇后の九州征討が、そのままヤマト建国後の北部九州の考古学と、ぴたりと合致する。これは、偶然なのだろうか。

ヤマト黎明期の様子は仲哀天皇紀に残されている？

『日本書紀』が実際の九州遠征を具体的に描写しているのは、仲哀天皇と神功皇后の夫婦の親政が最初だった。行程や行動が、考古学の示す「三世紀のヤマトの西漸《せいぜん》」にそっくりそのままなのだ。しかも、神功皇后の子・応神は九州からヤマトに向かい、政敵に阻まれ、紀伊半島に迂回し、神武天皇の足跡をなぞっている。要は、神功皇后はヤマト黎明期の人だったのだろう。

『日本書紀』には、この神功皇后と応神天皇の正体を抹殺する動機が備わっていた。それは母子を支え続けた武内宿禰が、蘇我氏の祖であり、蘇我氏が王家に近い名門一族だったことを、隠滅する目的だろう。

ただ、このあたりの事情の詳細はのちに触れることにして、仲哀天皇と神功皇后の記事の肝心な部分を、『日本書紀』から改めて抜粋しておく。

仲哀天皇と神功皇后が穴門の豊浦宮から北部九州に向かおうとすると、北部九州沿岸部の首長たちが、こぞって恭順してきたと『日本書紀』は言う。考古学は、三世紀に奴国を中心とした北部九州沿岸部に、ヤマトの土器が大量に流れ込んだことを明らかにしている。さらに、北部九州にとって防衛上のアキレス腱だった大分県日田《ひた》市の盆地の高台に、畿内と山陰系の人びとが集まり、政治と宗教に特化された環濠《かんごう》（壕）集落を造ってしまった。おそらく、神功皇后らが豊浦宮で六年間滞在したのは、日田の盆地をおさえるためだろう。首根っこを押さえたから、西に進み、北部九州沿岸部の首長たちも観念して、恭順してきたのだろう。その上で、神功皇后らは、福岡平野を東側の勢力が支配するには、ここしかないという場所を占拠した。それが橿日宮なのだ。平野を睥睨《へいげい》する東北の隅で、すぐ海岸線が迫り、補給も可能で、いざという時逃げることができる。何もかも理詰めで、偶然性がない。神功皇后の戦略は、完璧だし、考古学、地政学が、神功皇后の行動の正しさを裏付けている。

ところで、福岡県全体に神功皇后と武内宿禰、応神天皇の伝承が満ちている（現地に行けば異様に感じるほど）が、大分県日田市も同じ傾向にあって、濃厚な神功皇后伝承が残されている。これも、九州と神功皇后の強い縁を感じさせることだし、日田という地政学的に重要な場所に神功皇后の伝説が残されていることの意味は、とてつもなく大きい。
また、神功皇后がいたる場面で海神の「トヨ（豊）」とつながっていること、邪馬台国北部九州説の最有力候補地の山門県の女首長を討ち取って九州征討を終えたという話も無視できない。筆者はヤマトのトヨ（台与《とよ》・壱与《いよ》）による邪馬台国の卑弥呼殺しを疑っているからだ。

ヤマトを出し抜いた邪馬台国の卑弥呼

畿内のヤマト（邪馬台国）と九州の邪馬台国という「ふたつの邪馬台国」説は、江戸時代の国学者・本居宣長《もとおりのりなが》がすでに言い当てていた。いわゆる「邪馬台国偽僭《ぎせん》説」であり、大切な仮説を、われわれは見逃してきたのである。

本居宣長は、冴えわたっていた。北部九州の卑弥呼は、朝鮮半島に進出してきた魏にいち早く朝貢し、「ヤマト（大和・邪馬台国）の女王」を偽証し、親魏倭王《しんぎわおう》の称号を獲得することに成功したとする。本物のヤマトは畿内にあったが、九州の卑弥呼がヤマトを自称し、魏を騙したと推理したのだ。

また、九州の卑弥呼は、「南の狗奴国《くなこく》が攻めてきた」と魏に救いを求めていたが、考古学によってヤマト建国後の西日本の動きがわかってくると、この報告も偽りだったことがわかってくる。これはヤマトや山陰の勢力が東側から流れ込んで北部九州を圧迫していたことを指しているのだが、それを正直に報告できなかった。「われわれがヤマト」と報告しているのだから「東からヤマトが攻めてきた」とは、口が裂けても言えなかっただろう。だから、「南の狗奴国が……」と報告したのである。

これが、「魏志倭人伝」に記された倭国を代表する邪馬台国の卑弥呼のカラクリである。

これに私見を加えれば、『日本書紀』にある山門県の女首長こそ、卑弥呼で、これを討ったのが神功皇后《じんぐう》（台与《とよ》）ということになる。ヤマトの神功皇后は親魏倭王を殺してしまったため、魏に対し、申し開きをしなければならなかったのだろう。そこで、「宗女《そうじょ》（一族の女性）のトヨ（台与＝神功皇后）が卑弥呼の王位を継承した」と報告したのだろう。

この邪馬台国偽僭説で、邪馬台国論争は終わっていたと思う。ただ、本居宣長の発想の原点が、「天皇が中国の魏の皇帝に頭を下げるはずがない」という国粋主義的なものだったために、邪馬台国論争の中で忌避され、見向きもされなくなってしまったわけだ。

ただし、黎明期のヤマトの支配体制は、盤石だったわけではないだろうし、長い間日本列島のトップの座に立っていた北部九州の首長層が、なぜ簡単にヤマトに飲み込まれてしまったのだろう。

最初、これと言って目立った権力者もいなかったヤマトに、方々の土地から人びとが集まりはじめ、北部九州は、困惑したのだろう。しかも、頼みにしていた出雲や吉備は、ヤマトに靡《なび》いてしまった。北部九州だけが栄える時代は、すでに終わっていたのだ。

ただし、北部九州の人びとの中でも、ヤマトの軍門に降る者と抵抗する者が分裂した可能性がある。特に筑後川の左岸、久留米市からみやま市にかけてのグループが、「要塞となる高良山《こうら》がある」と、反撃を目論んだのだろう。朝鮮半島からの情報が真っ先に入るという地の利を活かして、外交戦を展開し、日本列島を代表しつつある「ヤマト」は、われわれのことだと報告したのだろう。

なぜ魏の使者は獣道よりもひどい道を歩かされたのか

本居宣長の邪馬台国偽僭説と考古学、さらに私見を組み合わせた仮説にベースを置くと、「ここが怪しかった」という「魏志倭人伝」の記事に気づかされる。

朝鮮半島から対馬、壱岐を経由して、最初に九州島に上陸する場所が、末盧国《まつら》（佐賀県唐津市周辺）だ。四千戸あまりの家があり、山が海に迫っているので、沿岸すれすれに、家が建ち並ぶ。草や木が茂っていて、前を行く人の背中も見えないほどだ。魚やアワビを海に潜って獲っている。東南に陸路を進むと、五〇〇里で伊都国につく……。

問題は、前を歩く人の背中が見えないという藪の中を、なぜ魏の使者は歩かされたのか、ということだ。末盧国から伊都国まで、なぜ陸路をとったのだろう。これまで、この不自然な旅程を疑問視してこなかったことこそ、謎めく。

まず、朝鮮半島から邪馬台国までの行程を記事は追っている。流通と外交のメインルートにほかならない。とすれば、文物を運ぶ道でもある（当たり前の話だ）。それが、なぜ、獣道でもこれほどひどくはないだろうというブッシュなのか。

ヒントを握っていたのは、奴国のライバル、伊都国だと思う。「魏志倭人伝」の伊都国にまつわる記事を要約しよう。

伊都国では代々王が立ち、女王国（邪馬台国）に統属され、帯方郡《たいほう》の使者が往来する時、常に留まる。女王国の北に一大率《いちだいそつ》（統率者）を置いて、諸国を検察させ、この大率は常に伊都国に駐在し、治めていた。「中国の刺史《しし》（州の長官）のようなものだ」というのである。

「魏志倭人伝」は伊都国の記述に、百十一文字を費やしている。邪馬台国を除けば、これは別格の扱いだ。奴国の場合、役人の呼び名と「二万余戸（家）」の人口が載り、そのあと邪馬台国に至る道のりが記され、素っ気ない。

伊都国の人口は千余戸で、明らかに奴国が勝っているのに、なぜ、伊都国が重視されたのだろう。

こういうことではなかったか。すでに触れたように、ヤマトの纏向に前代未聞の都市が誕生したあと、人びとは北部九州の奴国に流れ込んで、ここを拠点にして、北部九州に影響力を及ぼしはじめた。初期型の前方後円墳も、早い段階で沿岸部に広まっている。

問題はこのあと、内陸部の筑後川流域の首長たちが、ヤマトに抗おうと魏に朝貢したことで、しかもこの外交戦に、伊都国が一枚嚙んでいたのではなかったか。つまり伊都国は、久留米付近のグループとひそかに手を組み、使者の往来を手伝い、だから、魏の使者がやってきた時、同じ海域を往き来する奴国の連中に、魏の使者の到来を悟られたくなかったのだろう。そこで、「普段誰も使わない陸路」を経由して、隠密裏に伊都国入りを果たしたのではなかったか。また、伊都国で使者を歓待し、「邪馬台国まで片道だけで一月以上かかります」と告げ、直接使者が邪馬台国を訪ねることを断念させたのではなかったか。

「あんな藪の中を一月以上って……」

と、愕然としたことだろう。

つまり、ヤマトと手を組んだ奴国と、ヤマトに従う振りをして邪馬台国に荷担していた伊都国という図式が浮かび上がってくる。

奴国と伊都国の盛衰

ここに至り、初代神武天皇の母と祖母が海神の娘で、しかもその海神を祀っていたのが奴国の阿曇氏だったことが、大きな意味をもってくるのだ。

奴国と天皇家は、どこかでつながっていた……。もちろんそれは、ヤマト勢力が奴国に押し寄せた時、結ばれたのかもしれなかった。しかし、ここから、奴国は悲惨な状況に追い込まれていく。ほぼ滅亡と言っていい。ここに、天孫降臨神話と神武東征の真の歴史が炙り出されてくる。

そこで、奴国の滅亡について、考えておきたい。

奴国の王都だった須玖遺跡群は、弥生時代後期前葉に低地に移っていたが、衰退した。春日丘《かすがきゅう》陵《りょう》上の環壕集落群も解体され、三世紀になると、テクノポリスはなくなり、王墓が造られなくなる。奴国はかつての栄光を取り戻すことはできなかったのだ。

いったい、何が起きていたのだろう。

これに対し三世紀の伊都国は、勢いが衰えていない。集落は維持され、鉄器の量も減っていない。朝鮮半島に、北部九州製の文物が伊都国経由でもたらされ、楽浪郡や朝鮮半島との交易も盛んだった。

寺沢薫《てらさわかおる》は伊都国は弥生時代を通じて、大陸文化受容の港湾国家として発展し、倭国の盟主に昇りつめたこと、二世紀初めに伊都国が中心になり、「イト（伊都）国」「イト国連合」「イト倭国」という三重の国家構造を維持していたと言う。しかし、二世紀後半から三世紀にかけて、東アジア情勢は混乱し、その余波を受け、日本も「倭国大乱」状態に陥った。ただし、大規模な戦闘は行われなかったと言い、次のように述べる。

私は、「倭国乱」の実態とは、それまでのイト倭国の一極的な均衡が崩れ、イト国を盟主とすることに同調しないクニ・国がイト倭国内部にも出始め、さらに、イト倭国に替わって新しい倭国の枠組みを作り出そう、という瀬戸内以東の国々が牽制しあっている状況を示しているのだと思う。（『日本の歴史02　王権誕生』）

これが、考古学を交えた、二世紀の倭国乱と北部九州の情勢をめぐる今日的解釈だ。その上で、三世紀の伊都国について、寺沢はおおよそ次のようにまとめている。

三世紀に入った段階で伊都国の勢いは衰えていない。一方で三雲遺跡群には、朝鮮半島の文物や畿内系、瀬戸内系、山陰系の土器が流れ込んでいる。また朝鮮半島南部には、伊都国を経由して北部九州製の文物がもたらされていた。「魏志倭人伝」には、邪馬台国から北側の伊都国は女王国に統属し、大率（軍の総督）を常駐させ、諸国を監視し、みな畏怖したとある。

このころの海岸部に近い地域では、畿内系の土器が増えはじめて、集落が生まれていったが、このあと伊都国も変化する。布留0式（箸墓古墳ができたころで、三世紀後半から後葉以降。絶対年代は確定はできない）になると三雲遺跡群の大溝も埋められ、海岸部に畿内系土器が増えはじめる。この畿内系の集落は、東に向かって伸び、宗像市にも見られる。

その一方で、三世紀前半から、伊都国に初期型の前方後円墳が造られはじめ、四世紀も含めると、二一基にのぼり、ヤマトにつぐ密度となる。ヤマト政権の傘下に組みこまれていった可能性が高い。

奴国の貴種が滅亡時に金印を埋めた？

このヤマト建国後の北部九州の考古学から、何がわかってくるのだろう。

無視できないのは、奴国だけではなく、出雲やタニハも、ほぼ同時に没落していったことなのだ。つまり、西日本の日本海側、山陰地方と奴国が、同じ運命を辿ったことになる。神話で当てはまる話なら、出雲（日本海）の国譲りであり、この直後に、天孫降臨神話が続いていく。そして、神武天皇の母と祖母が奴国の阿曇氏の祀る神だったことが、どうにもひっかかる。

そこで、天皇家の祖は奴国と一緒に没落し、日向に逃れたという仮説を掲げてみたいのだ。

奴国が衰退したという推理は、ほぼ定説となっている。また奴国の貴種は逃亡したのではないかとする説も根強いものがある。根拠になったのは、志賀島の金印の不可解な埋められ方にあった。

天明《てんめい》四年（一七八四）二月、「那珂郡志賀島村百姓甚兵衛」が偶然、金印を見つけた。その口上書が残っている。

水田の溝を直して「岸」を切り落としていると、小さな石がゴロゴロ出てきて、最後に二人で持ち上げるほどの石（「二人持ちの石」農夫や庭師がよく使う表現）を取り除くと、光る何かを見つけた。そこは、傾斜のある土地で、すぐ目の前が海だった。神社の境の地から得たので、神宝かと思い、可否を占ったが、再三「否」ということなので、役所に届けたという（正直者の甚兵衛さんで、よかった～。私物にしていれば、いまだに出てこなかった可能性が）。

これが、『後漢書』倭伝に「倭の奴国に印綬《いんじゅ》を授けた」と記録された金印で、いわゆる「志賀島の金印」である。大きさは一辺約二・三五センチで、これは後漢初期の一寸だ。「漢委奴国王」の五文字が三行に彫られていた。

「印綬」は、印章とこれに附随するツマミ「鈕《ちゅう》」のことだ。奴国にもたらされた金印の鈕は蛇で、とぐろを巻き、体に魚子文《ななこもん》が刻まれ、これはウロコを表現している。「奴国王の祖神が蛇」という伝承にあわせて鋳造したと思われる。

この金印はニセものではないかと疑われたこともある。本来なら、王墓に埋めるべきお宝であり、埋め方が不自然だという考えがあった。しかし、漢初期の一寸にぴったり合っていたこと、ぞんざいに埋めてあったことこそ、偽造ではない証拠と言えよう。もし、偽造品で地中から出て来た設定にするなら、それこそ「墓の中から出てきた」と主張するのが、もっともらしい説明になる。しかし、畑の、大きめな石の下から出てきたという話が、作り話ではなかった何よりの証拠ではなかろうか。

戦前から、まさに「信憑性がある」と考える学者がいた。中山平次郎《なかやまへいじろう》は、金印が大きな石の下に置かれていたことは、突発的な事件があって、隠匿されたと考えた。大正三年（一九一四）に、奴国は邪馬台国に敗れて、その時に埋められたと推理したが、昭和二五年（一九五〇）になると、神武天皇が日向から北上した際、奴国王は金印を埋め、神武東征の軍と一緒にヤマトに移ったと修正した（『金印研究論文集成』大谷光男編著　新人物往来社）。

東洋史の専門家・和田清《わだせい》は、奴国が邪馬台国に滅ぼされたと推理した（『季刊　邪馬台国』19号　梓書院）。

ちなみにここで登場する「邪馬台国」は、畿内説ではなく、北部九州説を根拠にしている。邪馬台国甘木《あまぎ》（朝倉市）説を主張する安本美典《やすもとびてん》は、先人の考えを踏まえた上で、奴国は後漢の威信の失墜とともに勢いを失ったこと、奴国と邪馬台国は主導権争いを続け、ついには邪馬台国が勝利したことは、「疑いをいれる余地がない」と言う。また、邪馬台国は金印を奪おうとし、奴国は隠蔽したという。さらに、「広形の銅矛と銅戈」のもっとも密集している場所は対馬で、しかも多くが神社に伝世し、あるいは墓に副葬されていたことを不審に思った（普通は出雲の荒神谷遺跡のように地中に埋めてしまう）。しかも、対馬から鋳型が見つかっていない。これは大きな謎だったのだが、奴国の王族が青銅器を携えて対馬に逃れたのではないかと指摘している（『奴国の滅亡』毎日新聞社）。

邪馬台国が奴国を滅ぼしたのかどうかに関しては、のちに再び触れるが、奴国が没落し、王や貴種たちが追いやられ、やむなく、あわてて志賀島に金印を捨てたという推理は、至極まっとうな考えだと思う。

天孫降臨は敗者の逃走劇

金印とは別に、奴国の滅亡と逃亡劇を暗示する遺物が見つかっている。それが、金銀錯嵌珠龍《きんぎんさくがんしゆりゆう》文鉄鏡《もんてつきよう》である。

金銀錯嵌珠龍文鉄鏡も、偶然見つかった。昭和八年（一九三三）、九州の久留米と大分をつなぐ久大《きゆうだい》本線建設中、盛土用の土を採取している際、ダンワラ古墳（大分県日田市日高町）の石棺の中から刀、馬具、勾玉、錆だらけの鉄の塊が見つかった。

ただし、石棺の中から出てきたかどうか、本当はよくわかっていない。地主がお宝を持ち帰り、その中の錆に覆われた鉄製品を小学校に寄付し、それが行方不明になってしまった。

昭和三五年（一九六〇）、京都大学の考古学者・梅原末治《うめはらすえはる》が奈良の古物商から「伝日田出土」の錆の塊を手に入れた。研ぎ出してみると、後漢鏡が出現したのだ。

漢では王族レベルの高い地位の人間しかもつことができなかった。『太平御覧《たいへいぎよらん》』などに、金錯は皇帝が、銀錯は皇太子がもつものと記録されているから、貴重な鉄鏡とわかった。また最近（令和元年九月）、魏の王家の所持する鉄鏡とよく似ていたことがわかり、注目されはじめている。

日田の金銀錯嵌珠龍文鉄鏡は鋳鉄製で、直径二一・三センチ、厚さ二・五ミリと、小振りだ。

鏡の裏側には、八匹の竜が金と銀であしらわれ、目の部分には緑色の石英がはめ込まれていた。鏡の縁を飾るのは渦雲文《かうんもん》で、前漢時代に遡る可能性もある。

賀川光夫《かがわみつお》は金銀錯嵌珠龍文鉄鏡を日本でも支配者クラスがもつ鏡であり、卑弥呼の鏡ではないかと推理している（『日田の宝鏡』木藪正道　芸文堂）。

地元の言い伝えによれば、錆の塊は地中から出てきたと言っているのに、「石棺から出てきた」と考古学者が主張するのは、「捨てるように地中に埋めるはずがない貴重な品物」だからで、さらに言うならば、遺物が出現した時、考古学者が立ち会っていなかったため、地元の考古学の知識のない人びとの古い証言は、「あてにならない」と判断されているのだろう。

その一方で、九州国立博物館文化交流展示室長（当時）の河野《かわの》一隆《かずたか》は、貴重な推理を掲げている。まず、奴国は邪馬台国に敗れたのではなく、伊都国との主導権争いに敗れたという前提で、奴国王が戦いに敗れて逃げ、志賀島に金印を埋めて、さらに金銀錯嵌珠龍文鉄鏡を日田にもちこんだのではないかと推理した（西日本新聞、二〇〇七年一一月六日）。つまり志賀島の金印と同じように、金銀錯嵌珠龍文鉄鏡もあわてて埋めていった可能性を示していたのだ。

この仮説は、大きな意味をもっている。なぜなら、九州から見て東側の勢力が北部九州を支配するために求めた土地は、奴国と日田であり、その両方に「普通なら大切に副葬するような宝物」が、土の中から出現したこと、それが、「奴国の敗北と逃走劇」に見えると言っているからである。

ここで改めて思い出していただきたいのは、神武天皇の母と祖母が海神の娘で、しかも奴国の阿曇氏が祀る神だったことだ。そして神武の祖の天津《あまつ》彦彦火瓊瓊杵尊《ひこひこほのににぎのみこと》は、出雲の国譲りののち、日向の高千穂峰に降臨し、歩いて笠狭碕《かささのみさき》（鹿児島県南さつま市笠狭町の野間岬）に向かっていたことだ。

この話、神話以外の何ものでもないと、見向きもされなかった。これはもっともなことで、たとえば古墳時代の野間岬や鹿児島市、霧島市の一帯は、すっぽりと古墳の空白地帯になっていて、なぜこんな場所に逃げたのかと、首をかしげざるを得ない。神話の設定は無茶苦茶ではないか。おそらく、桜島の定期的な噴火によって、火山灰が降り積もり、シラス台地が続く不毛の土地だったのだろう。

しかし、発想を逆転してみれば、海人の隼人が住むぐらいで、過疎の土地だからこそ、敗れた者が暮らしやすかったとみなすことが可能となる。

誰も外から近寄らない場所だからこそ、零落した貴種たちにとって安住の地になったのではないかと思い至るのである。

奴国を逃れ、志賀島に金印を隠し、青銅器を携えて対馬に避難し、その後九州西岸の貝の道（交易路）を辿って日向に逃れたのか、あるいは日田から一気に筑後川を下り、有明海から多島海を南下し、南部九州に辿り着いたのではなかろうか。天孫降臨とは敗者の逃走劇だったわけだ。

住吉大神は武内宿禰で神功皇后と結ばれた？

ならば問題は、奴国と誰が、南部九州に逃げてきたのか、である。誰が誰に敗れたのだろう。

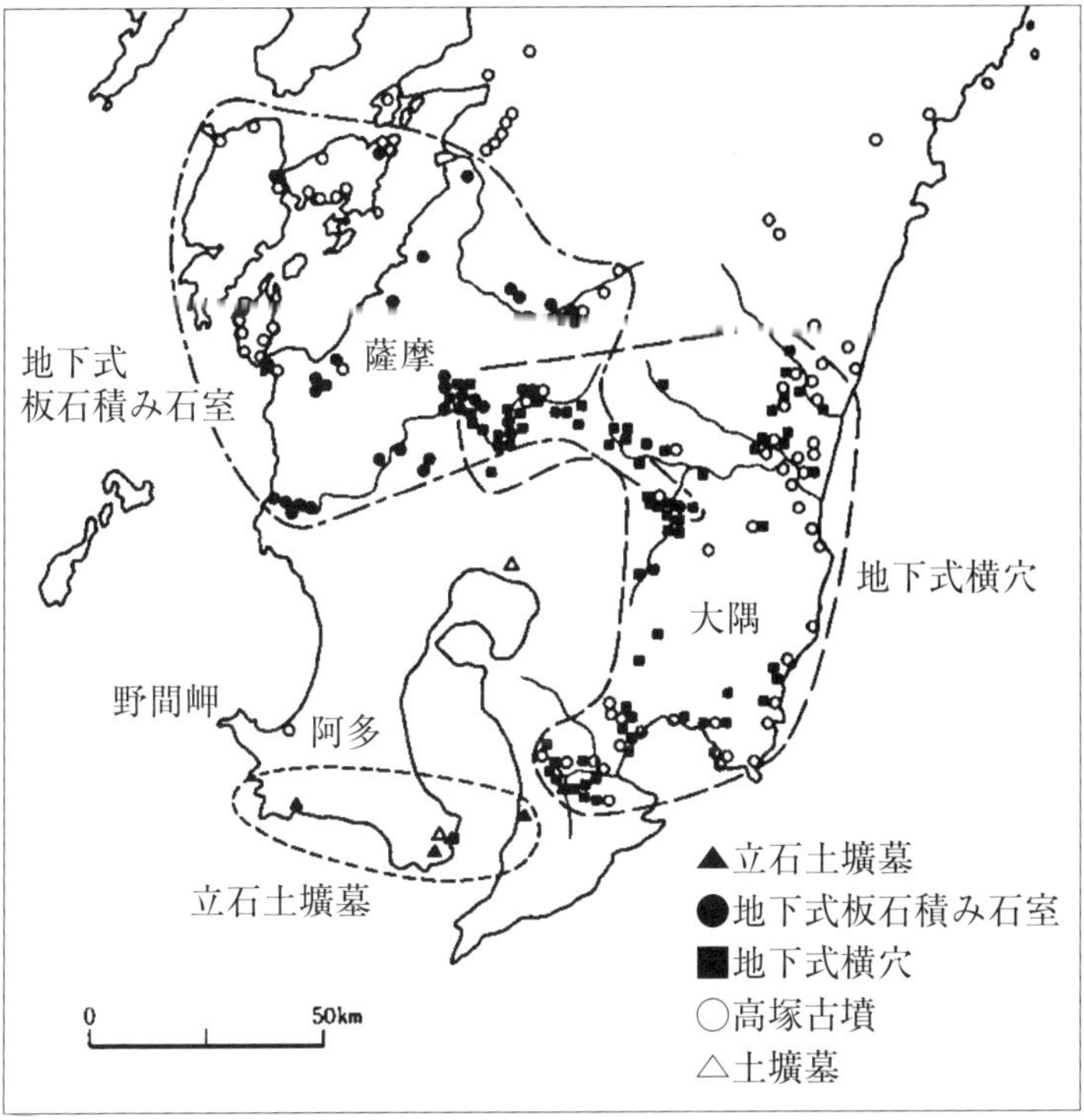

南九州における古墳の分布
『日本の古代遺跡 38　鹿児島』（保育社）をもとに作成

奴国と伊都国の主導権争いと考える学者は多いが、もうひとつ裏がありそうだ。

ここで、意外なヒントを提示しなければならない。それが、神功皇后の忠臣として活躍した武内宿禰で、『古事記』は蘇我氏の祖を辿っていくと、武内宿禰に行き着くと記録している。そして、武内宿禰の活躍した時代が、ヤマト建国の黎明期だった可能性が高い。それは、神功皇后と同時代人だからだ。

『日本書紀』は神功皇后の時代に「魏志倭人伝」の邪馬台国記事を引用している。ただし、神功皇后は第一五代応神天皇の母だから、史学者の多くは無視する。干支二巡（一二〇年）分繰り下げて、無理矢理三世紀の邪馬台国の卑弥呼を神功皇后に当てはめてしまったのだろうと推理している。

しかし、神功皇后の子・応神天皇と初代神武天皇にも多くの接点があって、ここに大きな謎が隠されている。

もう一度両者の共通点を掲げておこう。二人とも「九州で生まれてヤマトに向かった」「ヤマトには政敵が手ぐすね引いて待ち構えていた」「激しい抵抗に遭い、紀伊半島に迂回した」「神武をヤマトに誘ったのは塩土老翁《しおつつのおじ》で、応神に付き従ったのは武内宿禰で、どちらも老人だった」と、他人とは思えないほど、多くの共通点をもっている。

それだけではない。塩土老翁は神武天皇だけではなく、祖父の山幸彦を海神の宮に誘っている。その塩土老翁は住吉大神でもあり、武内宿禰の末裔の蘇我氏は、住吉大神と強く結ばれている。

七世紀後半、斉明《さいめい》天皇（蘇我入鹿《そがのいるか》暗殺現場に居合わせた女帝）の身辺に笠をかぶった鬼が現れ

（『日本書紀』）、この鬼の正体を『扶桑略記《ふそうりやつき》』は「豊浦大臣《とゆらのおおみ》」と言い、『先代旧事本紀』は「豊浦大臣は蘇我入鹿」と証言している。そしてこの鬼は、「住吉大社の方角に飛んでいった」と、『日本書紀』に記されている。住吉大神は祟る恐ろしい神だが、これに、蘇我氏がからんでいたのは、住吉と蘇我氏に、接点があったからだろう。

仲哀天皇は橿日宮で亡くなられたが、その晩住吉大神（塩土老翁）と神功皇后は夫婦の秘め事をしたと、住吉大社（大阪市住吉区）は主張する。『古事記』は、その場にいたのは、仲哀天皇、神功皇后、武内宿禰の三人だったと言い、天皇崩御《ほうぎょ》のあとその場に残ったのは、神功皇后と武内宿禰だった。神功皇后と結ばれたのは、武内宿禰ではなかったか。

武内宿禰は住吉大神（塩土老翁）とよく似ている。史学者は無視するが、『住吉大社神代記』は応神天皇の父親は住吉大社だと言っているようなものだし、住吉大社は住吉大神と神功皇后を並べて祀るが、仲哀天皇を祀っていない。無視している。この「不敬」ともとれる態度に、朝廷が黙りを決めこんだところに、ことの真相が隠されているように思えてならないのだが……。

『日本書紀』は藤原不比等《ふじわらのふひと》が権力の頂点に立った時に編纂された。藤原不比等の父は中臣（藤原）鎌足《かまたり》で、蘇我入鹿暗殺の首謀者だ。『日本書紀』は蘇我氏の正義と正統性を抹殺するために書かれたのだ。王家の祖が蘇我氏の祖と同じだったなら、『日本書紀』は、必死になって事実を改竄《かいざん》し、隠蔽したに違いない。逆に、蘇我氏の縁者は、あらゆる手段を駆使してでも、自身の出自を明らかにしたかっただろう。

神功皇后が九州に上陸する直前、逗留した穴門の豊浦宮（山口県下関市）は「トヨの港の宮」

の意味だが、六世紀後半の蘇我氏全盛期、蘇我系の推古女帝は武内宿禰の末裔の蘇我馬子《そがのうまこ》を重用し、飛鳥《あすか》の豊浦宮（奈良県高市《たかいち》郡明日香《あすか》村）を拠点にした。内陸部なのに「豊浦宮」と名付けたのは、神功皇后の豊浦宮を意識したと思われる。飛鳥の豊浦宮の独身女帝と蘇我馬子の関係は、穴門の豊浦宮の神功皇后と武内宿禰によく似ている。この蘇我政権が神功皇后を意識したのは、蘇我氏の祖・武内宿禰が神功皇后と結ばれていたからだろう。

八幡神＝応神は鹿児島に舞い降りた？

住吉大神と神武天皇はヤマトでつながっている。住吉大社の不思議なお祭りの話をしておこう。畝傍《うねび》山（奈良県橿原市）の西側に畝傍山口神社が祀られている。神官は武内宿禰の末裔なのだという。住吉大社から一年に一度使者が遣わされる。畝傍山の秘密の場所で採取する埴土を使って、祭祀を行うためだ。元々は、天香具《あまのかぐ》山（奈良県橿原市）の埴土を使っていた。神武天皇がヤマトに入った時、神託を得て、天香具山の埴土を採ってきて土器を造り、神を祀れば、負けぬ体になると教えられ、そのとおりにしたのだ。天香具山はヤマトの物実（象徴、そのもの）と考えられていたようで、謀反が起きた時、天香具山の埴土の奪いあいが起きていたほどだ。天香具山は、ヤマトを代表する霊山だった。住吉大社は神武天皇と同じ呪術を継承していたのである。

ところで、武甕槌神《たけみかづちのかみ》の話を出した時に天香具山が登場したが（第二章）、天香語《あまのかご》（具）山命《やまのみこと》の末裔の尾張氏と、天香具山は強く結ばれていた。ヤマト（オオヤマト）に最初に拠点を構えたのは東海地方であり、尾張氏はその末裔だろう。武甕槌神が祀られる鹿島神宮は中臣（藤原）氏に乗っ取られ、並行して、天香具山の祭祀権も、奪われたのだろう。だから、天香具山で古くから祭祀を行ってきた住吉大社は、畝傍山で細々と埴土の祭りを行ってきたわけである。

問題は、なぜ神武天皇が行った祭祀を住吉大社が継承しているのか、である。しかも、天香具山から追われても、執念をもって祭祀を続けたこと、それを武内宿禰の末裔が手助けしたところに、話の妙がある。神功皇后と武内宿禰の間の子が応神で神武天皇だからだろう。

すでに述べたように、『住吉大社神代記』は、「仲哀天皇が亡くなった晩、神功皇后と住吉大神は夫婦の秘め事をした」と言っている。その伝承を再確認するように、大阪市住吉区の住吉大社は、仲哀天皇を祀らず「夫婦の秘め事をした」とあえて伝えたのは、「神功皇后の子は仲哀天皇の間にできた子ではない」と言いたかったからではなかろうか。

『日本書紀』は応神天皇が北部九州で生まれたと言っているが、後の世の文書には、異なる伝承が残されている。

鎌倉時代後期に宇佐《うさ》の僧・神吽《じんうん》が記した『宇佐八幡宮託宣集《たくせんしゅう》』に、八幡神（応神天皇）が三歳の童子の姿で竹の葉の上に現れ、託宣を下したという伝承が残されている。

辛国《からくに》の城《き》に始めて八流《やつながれ》の幡《はた》を天降《くだ》して、吾《われ》は日本の神となれり

この「辛国」の二文字から、応神天皇は朝鮮半島（韓国《からくに》）のどこかに舞い降り、日本にやってきたのではないかと疑われてもいるのだが、そうとも言いきれない。

『八幡愚童訓《はちまんぐどうくん》』や『今昔物語集《こんじゃくものがたりしゅう》』に、「八幡神ははじめ鹿児島にやってきた」とあり、神功皇后が大隅《おおすみ》国（鹿児島県）で応神を産んだと言い伝えられている。

鹿児島神宮（式内社《しきないしゃ》）が鎮座する霧島市（旧国分市）で人びとが崇拝する山は霧島山系で、その中に、天孫降臨神話で名高い「日向の高千穂峰」も含まれている。ただその中でも、霧島市付近の人びとの韓国岳《からくにだけ》への信仰は絶大なものがある（理由はわからないが）。神功皇后が鹿児島にやってきて応神を産んだのなら、「辛国の城」は、霧島山系の韓国岳を指しているのではなかろうか。

なぜこのようなことにこだわるかというと、神功皇后はヤマト建国の前後に九州に赴き、のちに鹿児島に逃れ、これが天孫降臨神話の元になったのではないかと疑っているからだ。つまり、神功皇后の子は、北部九州から南部九州に逃れたのちヤマトに向かった……。もちろんそれが、神武天皇であり、応神天皇でもあった……。

アメノヒボコと神功皇后はヒルコとヒルメ

もうすこし、天孫降臨神話と鹿児島神宮の話をしておきたい。

鹿児島神宮の祭神は天津日高彦穂々出見尊《あまつひたかひこほほでみのみこと》（彦火火出見尊《ひこほほでみのみこと》）、豊玉比売命《とよたまひめのみこと》、応神天皇、神功皇后だ。彦火火出見尊は山幸彦でもある。くどいようだが、山幸彦と結ばれたのが豊玉比売命だ。豊玉比売命の孫が神武天皇（神日本磐余彦尊《かむやまといわれびこのみこと》）だが、彦火火出見尊と豊玉比売命と並んで、神功皇后と応神天皇が祀られている。よくよく考えると（あるいは『日本書紀』を読めば）、これは不思議なことなのだ。それはともかく……。

鹿児島神宮はもともと「大隅正八幡《おおすみしょうはちまん》」と呼ばれていた。「八幡神社」と言えば、宇佐八幡宮が有名だが、鹿児島神宮が「正八幡」だったのは、八幡神がはじめ鹿児島に舞い降りたからだというのである。

鹿児島神宮の裏手に奈毛木《なげき》の杜《もり》があって、ここに蛭子《ひるこ》神社が鎮座し、祭神は蛭子である。これもすでに触れてあるが、イザナキとイザナミはヒルコを産むも、発育が悪かったので、船に乗せて流して捨ててしまったと神話は言う。もともとヒルコとヒルメは、太陽神の子だ。この地の伝承によれば、その蛭子は、この地に漂着し、ひどく嘆き悲しまれたと言う。そのため、この地を「奈毛木の杜」と呼ぶようになったと言うのである。

『日本書紀』神話には、ヒルコが捨てられた後どこに辿り着いたのか明示していなかったが、鹿児島では、「ここに流れ着いた」と言っていることになる。しかも、ひどく嘆き悲しんだと言っている。

さて、神功皇后がヤマトに向かった時、仲哀天皇の二人の皇子が陣を敷いて歯向かってきたので、喪船（葬儀用の船）を用意し、「御子（応神）」を乗せ、「御子はすでに亡くなられた」と知らせ、油断させたとある。この「喪船に乗せられた応神」は、船に乗せられ捨てられたヒルコにどこか似ている。

考えてみれば、神功皇后はアメノヒボコの末裔で、しかも神功皇后はアメノヒボコの足跡を、ぴったりと追っていた。神功皇后はアメノヒボコの末裔だが、『古事記』では、応神天皇の段で、アメノヒボコの紹介があった。これは意図的であろう。

アメノヒボコは「天日槍《あめのひぼこ》」「天之日矛《あめのひぼこ》」で、冶金《やきん》に精通した「日神《ひのかみ》」でもあり、神功皇后は太陽神を祀る巫女でもあるから、このコンビはヒルコとヒルメのペアでもある。また、アメノヒボコが武内宿禰とよく似ていることは、他の拙著の中で述べたとおりだ（『アメノヒボコ、謎の真相』河出書房新社）。武内宿禰は応神（神武）の父で、アメノヒボコで、スサノヲなのである（拙著『蘇我氏の正体』新潮文庫）。そして、住吉大神（塩土老翁）でもあり、だからこそ、住吉大社は天香具山（畝傍山）の祭祀にこだわり、藤原氏は八世紀に、天香具山の祭祀権を奪い、『日本書紀』を編纂して、ヤマト建国の歴史と蘇我氏の素姓を改竄《かいざん》し、抹殺したのだろう。

もっとも、応神天皇と言えば、四世紀末の人物と考えられているから、時代が合わないと、史学界から無視されている。しかし、『日本書紀』神功皇后摂政三九年是年条に「魏志倭人伝」の邪馬台国記事が採りあげられている。これを信じれば、神功皇后は邪馬台国の時代の人になる。

しかし考古学は、三世紀の西日本の様相を神功皇后たちが見事に再現していたことを、明らかにしている。

そこで気になるのは、天孫降臨神話のワンシーンである。天津彦彦火瓊瓊杵尊たちが天上界から降りてくると、天八達之衢《あまのやちまた》で待ち構える者がいた。それがサルタヒコ（猿田彦大神《さるたひこのおおかみ》、猨田彦大《さるたひこの》神）で、アメノウズメが天の岩戸でアマテラスの目の前でやったことを再現した。裸になって踊ったのだ。サルタヒコの鼻は長く、顔は照り輝いていたし、中国ではお尻の赤い「サル」は太陽神とみなされていたから、サルタヒコは太陽神にほかならない。だから、アメノウズメが舞ったのだ。サルタヒコは天津彦彦火瓊瓊杵尊らを地上界に案内（嚮導《きょうどう》の神）したあと、伊勢の五十鈴《いすず》川の川上に移っている。そこは、のちにアマテラスがヤマトから移り住む場所（伊勢神宮）であり、サルタヒコこそ、原始の太陽神だったことを暗示している。この属性はヒルコとしてのアメノヒボコやスサノヲとそっくりだ。

また、住吉大神＝塩土老翁は、山幸彦を海神の宮に導き、神武をヤマトに誘った。やはり住吉大神にも「嚮導の神」の属性があり、要は、みな同じ神なのだろう。

出雲の国譲りや天孫降臨とはいったい何だったのか

『日本書紀』は、いったい何を隠してしまったのか。出雲の国譲り、天孫降臨神話とは、いったい何だったのか。

ここで再び、ヤマト建国後の三世紀の人びとの東から西への動き、その後に起きた奴国や日本海の没落の意味を考えてみよう。ヒントは、やはり仲哀天皇と神功皇后の行動にある。

九州のクマソ（熊襲）が叛いたという報に接した仲哀天皇は、瀬戸内海を西に向かった。かたや神功皇后は、角鹿《つぬが》から日本海を伝って西に向かい、ふたりは穴門豊浦宮で落ちあった。神功皇后は息長帯日女命で、「息長」と言えば、近江を代表する豪族だ。仲哀天皇は瀬戸内海の、神功皇后は近江やタニハを代表する日本海の象徴（王）であろう。二人の西征の目的は、クマソ征討ではなく、山門県《やまとのあがた》の女首長（邪馬台国の卑弥呼）を倒すことだった。ところが、九州の奴国で、仲哀天皇は住吉大神の託宣を拒否して亡くなってしまう。このあと神功皇后は武内宿禰らととに山門県を攻め、新羅征討を終えて九州に凱旋する。しかし、東に向かうも、政敵が待ち構えていて、応神は紀伊半島に迂回した……。この物語の意味するところは、何だったのか。

北部九州を制圧したヤマト黎明期の政権だったが、神功皇后が「親魏倭王の卑弥呼を殺した」ことによって、問題は複雑化したのではなかったか。つまり、神功皇后が卑弥呼の宗女「トヨ」と魏に報告し、九州の地で王に立たざるを得なかったのだろう。「ミイラ取りがミイラ」になってしまったのだ。神功皇后（トヨ）ら日本海勢力は、中国の魏が滅んだ段階で、後ろ盾を失い（親魏倭王の意味はなくなった）、瀬戸内海勢力の裏切りに遭ったのだろう。だから、あわてて逃げて、志賀島の金印や日田の金銀錯嵌珠龍文鉄鏡は、捨てるように埋められたに違いない。

またこの時、伊都国は、ヤマトの瀬戸内海勢力と手を組み、奴国と神功皇后を追い落としたのだろう。

こうして奴国や日本海勢力は、瀬戸内海勢力に敗れたのだ。神功皇后や奴国の貴種たちは、奴国や日向から海人のネットワークを頼り、対馬や日向に逃れ、逼塞し、復活を夢見たのだろう。ならば、神武東征説話とは、何だったのか。ヒントを握っているのは、第一〇代崇神天皇だ。

実在の初代王・崇神天皇の母と祖母は物部系だったと『日本書紀』は言っているが、要は、崇神天皇が物部氏そのもので、吉備出身だったのだろう。また、ヤマトを最初に支配していたのが物部氏の祖のニギハヤヒだから、崇神天皇はニギハヤヒか、子の宇摩志麻遅命《うましまじのみこと》だったと思われる。

崇神五年、疫病が蔓延し人口は半減してしまった。崇神七年、困り果てて占ってみると、大物《おおもの》主神《ぬしのかみ》の意思とわかった。大物主神は、「私の子に私を祀らせればよい」と言うので、探しだし、言われるとおりにすると、災禍は収まったという。

まずここで注目すべきは、出雲の神が登場していることで、しかも「大国主神《おおくにぬしのかみ》」ではなく「大物主神」が祟っていたことだ。『日本書紀』は大国主神と大物主神を同一の神とするが、この説明は、根本的に間違っている。大国主神は「出雲国の主」だが、大物主神の「物」は、「神」のことで、神の中でも恐ろしい「鬼」を指す。つまり大物主神とは、「偉大なる鬼の主」であり、神の中の神なのだ。出雲の神だが、出雲だけの神ではない。ヤマトを代表する恐ろしい神であり、日本海からやってくる祟り神でもある。

この直前、吉備（瀬戸内海）＝物部は、やむを得ぬ事情とは言え、日本海勢力との間に主導権争いを演じ、北部九州の神功皇后たちを裏切ったのだろう。崇神天皇は、疫病の猛威を「ヤマト建国後に没落した日本海勢力」の恨みと感じとったから震え上がったのだろう。その象徴が大物主神だったわけである。

考古学が明らかにした天皇家と隼人の本当の関係

もうひとつ大切なことは、大神神社が祀る大物主神の子の正体だ。

大神神社は拝殿があるだけで、御神体は背後の三輪山なのだが、三輪山の山頂には高宮《こうのみや》神社が祀られ、祭神は日向御子《ひむかのみこ》だ。一般には「太陽信仰の山だから日向」とみなしているが、「御子」は童子で、古来童子は鬼に匹敵する生命力を持つものとみなされていた。童子といえば鬼そのものと考えられていたのだ。だから、日向御子は、「日向の鬼」でもあり、「日向」は地名と考えるべきだ。つまり、「日向からやってきた童子＝鬼」を、三輪山の頂で祀っていたわけで、大物主神は日本海の祟り神だが、大物主神の子の日向御子は、日向に流されて捨てられたヒルコ＝神武（応神）のヤマトを呪う魂でもある。

神武天皇が南部九州からヤマトにやってきたことは絵空事と見向きもされなかったが、祟りに脅えた瀬戸内海系ヤマト政権が、南部九州から日本海系の大物主神の子を連れてきて、祟る神を祀らせたと考えれば、神話そのものの意味が、すべてわかってくる。

隼人がなぜ天皇に近侍し、重用されたのか、その意味もわかってくる。南部九州に逼塞していた王家の祖を匿ったところで、隼人たちには何の得もなかったはずだ。しかし損得抜きで、隼人は王家の祖を守った。そして神武とともにヤマトに入った隼人たちだったが、当初ヤマトの王は祭祀に専念する弱い王で、隼人たちも軽視されただろう。しかしそれでも隼人たちは、天皇のもとから離れなかった。だから王家も隼人に報いたのだ。

蘇我氏（武内宿禰）が隼人とつながり、隼人が交通の要衝をおさえ、天皇の大切な祭祀を守ったのは、このような南部九州での悲しさを感じさせるほどの強い絆が隠されていたからなのだろう。

逆に八世紀の藤原氏は、王家と隼人の強い結びつきを嫌い、隼人を蛮族に仕立て上げ、隼人（日向）征討をはじめたのだろう。

出雲の国譲り、天孫降臨、神武東征、どれもこれもお伽話とみなされ、無視されてきた。しかし、考古学がこれまでの常識を次々と覆し、ようやく、真実の歴史が見えてきたのである。

おわりに

「邪馬台国論争など、もう、どうでもいい」とSNSでつぶやこうものなら、「けしからん」「ふざけるな」「言いすぎだ」と、多くの罵声を浴びることとなる。特に、各地の郷土史家や歴史愛好家の怒りが凄まじい。けれども、最先端の研究成果をまとめ上げた高名な考古学者も、最近テレビ番組の中で、「邪馬台国はどうでもいい」と、口を滑らしていた。「ただし、私は畿内説ですが」とも、おっしゃっていたが……。

「魏志倭人伝」の欠陥は、読み方次第で邪馬台国の候補地はいくらでも掲げられることで、「おらが村の邪馬台国論」を生み出してしまったのだ。こんな不毛な論争、もうたくさんだし、邪馬台国論争が日本史を究明する上で、足かせになりつつある。

もし仮に、「魏志倭人伝」がこの世になければ、ヤマト建国の歴史は、一〇年、いや、二〇年前にかなり判明していたのではなかろうか。考古学の発掘調査とその後の資料整理によって、ヤマト建国の実像は、かなり克明に説明できるようになった。ところが、邪馬台国論争がネックになって、なかなか三世紀から四世紀にかけての定説が得られないままなのだ。

多くの考古学者も邪馬台国論争に拘泥し、自説を補強するために、遺物や炭素14年代法を利用している。都合の良いように「曲解」してしまう傾向にある。いわゆる「我田引水」というやつだ。

もっともわかりやすい例が、箸墓古墳で、炭素14年代法によって、三世紀半ばから四世紀にかけて造営されたことがわかっているが、邪馬台国畿内論者は、もっとも古く見積もった三世紀半ばに拘泥する。「ぴったり卑弥呼の死と重なる」からだ。畿内論者は「邪馬台国は纏向（箸墓）で決まった」と主張するが、これは勇み足というものだ。

われわれが真に知りたいのは、「魏志倭人伝」に描かれた邪馬台国がどこにあったかではない。ヤマト建国の歴史であり、「古代の王（天皇の祖）の正体」ではないのか。日本人が民族の歴史と王家の正体を知るためには、ヤマト建国の歴史を、一日も早く解明しなければならない。「強い王を嫌う人びとの手でヤマトが建国された」のは本当なのか、これからも、注目していきたい。

なお、今回の執筆にあたり、河出書房新社編集部の西口徹氏、編集担当の工藤隆氏、歴史作家の梅澤恵美子氏に御尽力いただきました。改めてお礼申し上げます。

令和三年六月三〇日

合　掌

参考文献

『古事記祝詞』日本古典文学大系（岩波書店）
『日本書紀』日本古典文学大系（岩波書店）
『風土記』日本古典文学大系（岩波書店）
『萬葉集』日本古典文学大系（岩波書店）
『続日本紀』新日本古典文学大系（岩波書店）
『魏志倭人伝・後漢書倭伝・宋書倭国伝・隋書倭国伝』石原道博編訳（岩波文庫）
『旧唐書倭国日本伝・宋史日本伝・元史日本伝』石原道博編訳（岩波書店）
『三国史記倭人伝』佐伯有清編訳（岩波書店）
『先代舊事本紀』大野七三（新人物往来社）
『日本の神々』谷川健一編（白水社）
『神道大系　神社編』（神道大系編纂会）
『日本書紀　一　二　三』新編日本古典文学全集（小学館）
『古事記』新編日本古典文学全集（小学館）
『神々の流竄』梅原猛（集英社文庫）
『神代史の研究』津田左右吉（岩波書店）
『歴史文化セレクション　神話と歴史』直木孝次郎（吉川弘文館）
『三品彰英論文集　第一巻　日本神話論』三品彰英（平凡社）
『前方後円墳国家』広瀬和雄（角川選書）
『出雲神話の成立』鳥越憲三郎（創元社）
『新稿　日本古代文化』和辻哲郎（岩波書店）

『三世紀の考古学―倭人伝の実像をさぐる― 中巻』森浩一編（学生社）
『古代出雲王権は存在したか』松本清張編（山陰中央新報社）
『馬・船・常民』網野善彦 森浩一（講談社）
『日本の遺跡2 吉野ヶ里遺跡』七田忠昭（同成社）
『日本の遺跡44 荒神谷遺跡』足立克己（同成社）
『古代を考える 稲・金属・戦争―弥生―』佐原真編 春成秀爾（吉川弘文館）
『弥生時代の戦い』橋口達也（雄山閣）
『昔話の考古学』吉田敦彦（中公新書）
『日本の神々』松前健（中公新書）
『津田左右吉全集 第一巻 日本古典の研究 上』津田左右吉（岩波書店）
『縄文社会と弥生社会』設楽博己（敬文舎）
『文明に抗した弥生の人びと』寺前直人（吉川弘文館）
『倭人の祭祀考古学』小林青樹（新泉社）
『飛鳥』門脇禎二（吉川弘文館）
『日本神話の世界』上田正昭（創元新書）
『記紀神話伝承の研究』泉谷康夫（吉川弘文館）
『続・神々の体系』上山春平（中公新書）
『風土記の考古学2 播磨国風土記の巻』櫃本誠一編（同成社）
『騎馬民族国家』江上波夫（中公新書）
『倭国―東アジア世界の中で』岡田英弘（中公新書）
『神々の国の首都』小泉八雲 平川祐弘編（講談社学術文庫）
『DNAでたどる日本人10万年の旅』崎谷満（昭和堂）
『遥かなる海上の道』小田静夫（青春出版社）
『日本人のルーツがわかる本』［逆転の日本史］編集部編（洋泉社）

『瀬戸内海地域における交流の展開』水野祐監修　松原弘宣編（名著出版）
『日本民衆史3　海に生きる人びと』宮本常一（未來社）
『日本神話を見直す』水野祐（学生社）
『日本神話と古代国家』直木孝次郎（講談社学術文庫）
『古代の出雲と大和』水野祐（大和書房）
『日本神話の基盤』三谷栄一（塙書房）
『風土記の考古学3　出雲風土記の巻』山本清編（同成社）
『出雲神話から荒神谷へ』原島礼二（六興出版）
『古墳時代の研究10　地域の古墳　西日本』岩崎卓也　石野博信　河上邦彦　白石太一郎編著（雄山閣）
『出雲大社』千家尊統（学生社）
『市民の考古学5　倭国大乱と日本海』甘粕健編（同成社）
『古代「おおやまと」を探る』伊達宗泰編（学生社）
『瑞垣』宮本長二郎（神宮司庁広報室編）
『邪馬台国と古墳』石野博信（学生社）
『シリーズ「遺跡を学ぶ」130　邪馬台国時代の東海の王　東之宮古墳』赤塚次郎（新泉社）
『三品彰英論文集　第四巻　増補　日鮮神話伝説の研究』三品彰英（平凡社）
『考古学研究』第三十二巻　第三号（考古学研究会）
『記紀神話伝承の研究』泉谷康夫（吉川弘文館）
『日本の歴史02　王権誕生』寺沢薫（講談社）
『日本海域の古代史』門脇禎二（東京大学出版会）
『喜田貞吉著作集4　歴史地理研究』喜田貞吉（平凡社）
『埋もれた金印―日本国家の成立』藤間生大（岩波書店）
『倭国の謎―知られざる古代日本国』相見英咲（講談社選書メチエ）
『魏志倭人伝の考古学』西谷正（学生社）

『「前方後方墳」出現社会の研究』植田文雄（学生社）
『日本の古代遺跡38　鹿児島』河口貞徳　森浩一企画（保育社）
『金印研究論文集成』大谷光男編著（新人物往来社）
『季刊　邪馬台国』19号（梓書院）
『奴国の滅亡』安本美典（毎日新聞社）
『日田の宝鏡』木藪正道（芸文堂）

＊本書は書き下ろし作品です。
＊編集協力——工藤　隆

関 裕二（せき・ゆうじ）

1959年、千葉県柏市生まれ、育ちは東京都板橋区。

歴史作家。武蔵野学院大学 日本総合研究所 スペシャル・アカデミック・フェロー。

仏教美術に魅了され、奈良に通いつめたことをきっかけに日本古代史を研究。以後、古代をテーマに意欲的な執筆活動を続けている。

著書に『古代史の正体～縄文から平安まで』『神武天皇vs. 卑弥呼 ヤマト建国を推理する』（新潮新書）、『古代史謎解き紀行』シリーズ（新潮文庫）、『出雲大社の暗号』『伊勢神宮の暗号』（講談社+α文庫）、『新史論』シリーズ1～6（小学館新書）、『天皇家と古代史十大事件』（PHP文庫）、『謎解き「日本書紀」誰が古代史を塗り替えたのか』（じっぴコンパクト文庫）、『異端の古代史』シリーズ（ワニ文庫）、『応神天皇の正体』『アメノヒボコ、謎の真相』『台与の正体 邪馬台国・卑弥呼の後継女王のゆくえ』『大伴氏の正体 悲劇の古代豪族』『磐井の乱の謎』『日本書紀が抹殺した古代史謎の真相』『豊璋 藤原鎌足の正体』（河出書房新社）ほか多数。

古代日本神話の考古学

二〇二一年 八 月二〇日 初版印刷
二〇二一年 八 月三〇日 初版発行
著 者――関裕二
発行者――小野寺優
発行所――株式会社河出書房新社
〒一五一-〇〇五一
東京都渋谷区千駄ヶ谷二-三二-二
電 話――〇三-三四〇四-一二〇一〔営業〕
〇三-三四〇四-八六一一〔編集〕
https://www.kawade.co.jp/
組 版――株式会社ステラ
印 刷――モリモト印刷株式会社
製 本――大口製本印刷株式会社

ISBN978-4-309-22826-6
Printed in Japan

関裕二・著

大伴氏の正体

悲劇の古代豪族

なぜ大伴家持は、魂の底から怒りを
振り絞るように『万葉集』の歌を
つくらねばならなかったのか？
謎多き大伴氏の歴史を掘り起こし、
『万葉集』に隠された古代史最大の
悲劇と「天皇の正体」の根源に迫る
渾身の書き下ろし歴史ミステリー。

河出書房新社

関裕二・著

台与の正体

邪馬台国・卑弥呼の後継女王のゆくえ

卑弥呼の死後、男王の治めた邪馬台国は乱れ、
卑弥呼の宗女、十三歳のトヨが女王にたち、
国が治まったという。「魏志倭人伝」に
わずかな記述しかない存在に、
創成期のヤマトの謎の空白を解く鍵を、
気鋭の古代研究家が見出す。

河出書房新社

関裕二・著

豊璋　藤原鎌足の正体

乙巳の変――古代史最大の英雄は、
本当に英雄だったのか⁉
その後、歴史の大転換点となった
「白村江の戦い」に到るまで、
改革の立役者・鎌足はなぜ
歴史から消えるのか？
『日本書紀』に隠された重大な秘密を解く。

河出書房新社